T0197083

essentials

essentials liefern aktuelles Wissen in konzentrierter Form. Die Essenz dessen, worauf es als „State-of-the-Art" in der gegenwärtigen Fachdiskussion oder in der Praxis ankommt. *essentials* informieren schnell, unkompliziert und verständlich

- als Einführung in ein aktuelles Thema aus Ihrem Fachgebiet
- als Einstieg in ein für Sie noch unbekanntes Themenfeld
- als Einblick, um zum Thema mitreden zu können

Die Bücher in elektronischer und gedruckter Form bringen das Expertenwissen von Springer-Fachautoren kompakt zur Darstellung. Sie sind besonders für die Nutzung als eBook auf Tablet-PCs, eBook-Readern und Smartphones geeignet. *essentials:* Wissensbausteine aus den Wirtschafts-, Sozial- und Geisteswissenschaften, aus Technik und Naturwissenschaften sowie aus Medizin, Psychologie und Gesundheitsberufen. Von renommierten Autoren aller Springer-Verlagsmarken.

Weitere Bände in der Reihe http://www.springer.com/series/13088

Felix Weber

Preispolitik im digitalen Zeitalter

Auswirkungen von Digitalisierung
und Künstlicher Intelligenz

Felix Weber
Lehrstuhl für Wirtschaftsinformatik
und integrierte Informationssysteme,
Universität Duisburg-Essen
Essen, Deutschland

ISSN 2197-6708　　　　　　　ISSN 2197-6716　(electronic)
essentials
ISBN 978-3-658-30645-8　　　ISBN 978-3-658-30646-5　(eBook)
https://doi.org/10.1007/978-3-658-30646-5

Die Deutsche Nationalbibliothek verzeichnet diese Publikation in der Deutschen Nationalbibliografie; detaillierte bibliografische Daten sind im Internet über http://dnb.d-nb.de abrufbar.

Planung/Lektorat: Angela Meffert
Springer Gabler ist ein Imprint der eingetragenen Gesellschaft Springer Fachmedien Wiesbaden GmbH und ist ein Teil von Springer Nature.
Die Anschrift der Gesellschaft ist: Abraham-Lincoln-Str. 46, 65189 Wiesbaden, Germany

Was Sie in diesem *essential* finden können

- Eine Einführung in die Preispolitik und die grundlegenden Konzepte.
- Darstellung und Erläuterung des Referenzprozesses der Preispolitik.
- Veränderungen durch die Digitalisierung, neue Technologien und Methoden der Künstlichen Intelligenz aufgezeigt anhand des „Technologie-Hype-Cycle der Preispolitik".
- Übersicht über Softwareapplikationen für die Digitalisierung der Preispolitik (von der Preisanalytik bis zur KI-basierten Preisoptimierung) und einen Leitfaden zur Unterstützung des Auswahlprozesses.

Vorwort

Der Einsatz von Software zur automatisierten Preissetzung und -optimierung ist an sich erstmal nichts Neues. So sind Anwendungen für das Ertragsmanagement (Revenuemanagement) in der Flug- und Hotelbranche bereits gängige Praxis für die Preisgestaltung und das Kapazitätsmanagement. Doch bis vor Kurzem lag die Optimierung im Rahmen des Marketing-Mix, der den Bezugsrahmen für jede Preisentscheidung bildet, jenseits der Möglichkeiten von (stationären) Einzelhändlern. Das Problem war ironischerweise nicht ein Mangel an Daten, sondern ein Überfluss an Daten. Die für die Analyse der Informationen, die Einzelhändler von Tausenden von Filialen, Zehntausenden von Produkten und Millionen von Transaktionen sammeln, benötigte Rechenleistung war einfach zu teuer. Nicht einmal die Speicherung dieser Datenmengen war bisher ökonomisch sinnvoll umsetzbar, weshalb meistens ab Ebene der einzelnen Filiale nur aggregierte Daten an die zentralen Systeme weitergegeben wurden.

Das hat sich inzwischen stark geändert. Die zunehmende Ausstattung mit flächendeckendem Internet, der anhaltende Preisverfall bei den CPUs, RAMs und SSD-Speichern ermöglicht die Übertragung, Speicherung und Analyse dieser gigantischen Datenmengen. Typischerweise landen die Daten in Anwendungen der bestehenden IT-Systemen (ERP- oder Warenwirtschaftssysteme) der Einzelhändler. So können und werden komplexe Algorithmen auf die Daten angewandt, um die Nachfrage auf der Ebene einzelner Geschäfte und einzelner Lagerhaltungseinheiten (SKUs) zu modellieren. Und da die Anwendungen (Kap. 4) in der Regel browserbasiert sind, kann jeder – vom CEO bis zum Filialleiter – problemlos auf die Analysen, Prognosen und optimalen Preise zugreifen. So zumindest die Idealwelt, denn in der Realität zeigt sich, dass diese Möglichkeiten erstmal hypothetischer Natur sind und die meisten Einzelhändler erst ganz am Anfang stehen. Sie erheben und speichern die erforderlichen Daten zwar, aber nutzen diese noch nicht. An dieser Stelle soll das vorliegende Essentials ansetzen. Das Kap. 1 enthält einen Überblick über die Grundlagen der Preispolitik. Dieses theoretische Wissen soll dabei einen Überblick geben, welche Aspekte bei der Preispolitik relevant sind und welche Aspekte den grundlegenden Erklärungsmustern zugrunde liegen.

Im folgenden Kapitel (Kap. 2) gibt das vorliegende Buch einen Überblick über aktuelle technologische Trends, die für eine Digitalisierung der Preispolitik relevant sind. Dabei wird der Technologie-Hype-Cycle der Preispolitik als Referenz eingeführt.

Da die Zielgruppe des Essentials Praktiker und Einsteiger in das Thema sind, bietet das Kap. 3 einen Überblick über die wichtigsten Tätigkeiten der Preispolitik in der Praxis und zeigt einen Referenzprozess für die Preispolitik und das Preismanagement auf. Dieser wird häufig in der Praxis im Rahmen von Einführungs- und Umsetzungsprojekten genutzt.

Und genau für eine solche Einführung soll das abschließende Kapitel (Kap. 4) Orientierung bieten. Es werden die grundlegenden Aspekte von Preissetzungs- und Preisoptimierungssoftware ausgeführt und verschiedene Auswahlkriterien vorgestellt, wobei dies keineswegs erschöpfend getan werden kann. Vielmehr soll dem Leser ein Gefühl für die Software und die damit verbundenen Aspekte vermittelt werden. Die Informationen, die die ersten Kapitel dieses Buches enthalten, sollen es dem Leser ermöglichen, Softwarepakete zu identifizieren, die eine weiteren Untersuchung wert sind. Zu diesem Zweck enthält das letzte Unterkapitel eine Übersicht von Produktbeschreibungen von etwa je einer Seite, die von Softwareanbietern und einzelnen Forschern zur Verfügung gestellt werden. Obwohl eine möglichst breite und vielfältige Sammlung von Anbietern kontaktiert wurde, ist der Überblick über Preisoptimierungssoftware keineswegs vollständig. Es wird aber davon ausgegangen, dass die relevanteste Software innerhalb jeder Kategorie aufgelistet wird, zusammen mit einigen neueren oder weniger bekannten Einträgen.

Felix Weber

Inhaltsverzeichnis

Preispolitik

1

1.1 Was ist Preispolitik?

Die Begriffe des Preismanagements und der Preispolitik, wobei letzterer vor allem durch die Einbindung der Preisentscheidung in den Marketing-Mix von Bedeutung ist, beschreiben inhaltlich die gleichen Konzepte. In der englischsprachigen wissenschaftlichen Literatur wird hauptsächlich der Begriff Preismanagement („Price Management") verwendet. Der Begriff der Preisoptimierung („Price Optimization") wird oftmals als Synonym für das Konstrukt des Preismanagements an sich genutzt (Sinha und Sahgal 2012), wohingegen dieses Essential die Optimierung als Teilgebiet des Preismanagements definiert.

▶ **Preispolitik** oder **Preismanagement** beschäftigt sich mit der Formulierung, Analyse, Entscheidung und Umsetzung von Strategien und operativen Entscheidungen, die die Art, den Umfang und die Konditionen der Gegenleistung betreffen, die (aktuelle und potenzielle) Kunden für die Inanspruchnahme einer Leistung eines Unternehmens oder einer Organisation zu entrichten haben, sowie deren Wahrnehmung bei denselben.

Diese Definition eignet sich besonders als Grundlage, da sie die Preispolitik in einem systematischen Prozess aus den Schritten der Strategieformulierung, der Analyse, der Entscheidung und der Umsetzung von strategischen und operativen Entscheidungen über den Preis darstellt und zusätzlich verhaltensorientierte und psychologische Komponenten explizit einschließt.

Haller (2008, S. 245) und Siems (2009, S. 9) weisen darauf hin, dass die Umsetzung der Preispolitik (als Synonym wird hier im Folgenden auch Preismanagement verwendet) ohne großen Zeitverzug erfolgen kann (Zeitvorteil).

© Springer Fachmedien Wiesbaden GmbH, ein Teil von Springer Nature 2020
F. Weber, *Preispolitik im digitalen Zeitalter,* essentials,
https://doi.org/10.1007/978-3-658-30646-5_1

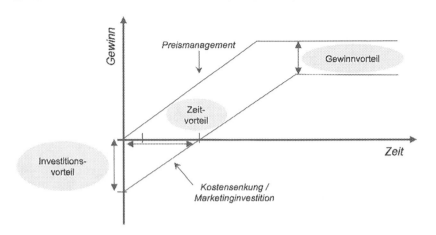

Abb. 1.1 Vorteile des Preismanagements

Während andere Maßnahmen, produkt- oder kommunikationsbezogen, in der Regel eine gewisse Vorlaufzeit für die Umsetzung benötigen, kann eine Änderung des Preises gerade beim Einsatz von Informationssystemen nahezu in Echtzeit erfolgen. Gleichzeitig führt die Änderung auf Kundenseite ebenso zu einer schnellen und starken Reaktion. Daneben sind keine unmittelbaren Vorabinvestitionen (wie beispielweise für Marketing oder Forschung und Entwicklung) nötig (Investitionsvorteil), um eine Preisentscheidung umzusetzen und gleichzeitig direkt Erlöse zu erzielen (Gewinnvorteil). Allerdings können preisbezogene Entscheidungen kaum rückgängig gemacht werden und wirken sich langfristig auf das Produkt und sogar auf die Reputation des Unternehmens aus (sowohl des Handelsunternehmens als auch des Herstellers) (Abb. 1.1).

1.2   Was ist der Preis?

Der Preis eines Gutes wird als die Summe der Geldeinheiten, die ein Nachfrager einem Anbieter auf einem Markt im Tausch für das Gut übergeben muss, definiert:

▶ Unter dem **Preis** eines Produktes oder einer Dienstleistung verstehen wir die Zahl der Geldeinheiten, die ein Käufer für eine Mengeneinheit eines Produktes bzw. der Dienstleistung entrichten muss.

Entscheidend ist dabei, dass sich der Preis letztendlich aus den zwei Faktoren Geld und Produkt/Dienstleistung zusammensetzt:

$$\text{Preis} = \frac{\sum \text{Geld}}{\sum \text{Produkt} \bigwedge \sum \text{Dienstleistung}}$$

Der Preis für (physische) Produkte wird jedoch fast ausschließlich für die Mengeneinheit „1" angegeben, nur in Ausnahmefällen wie bei Promotionsaktionen, gewichtsbezogenen Produkten oder Produktbündelungen nicht.

Unter Berücksichtigung weiterer Gegebenheiten kann zusätzlich zwischen einem **Brutto-** und **Nettopreis** unterschieden werden. Der Bruttopreis enthält, im Gegensatz zum Nettopreis, die abzuführende Mehrwertsteuer und marketingpolitische Maßnahmen wie Rabatte, Preisnachlässe mit Kundenkarten oder besondere Zahlungsbedingungen und Zugaben.

Die Verknüpfung des Preises mit der Gewinnerzielungsabsicht, als konstituierendes Merkmal des Gewerbebetriebs, erfolgt dabei über Kosten- und Leistungsrechnung der Betriebswirtschaftslehre.

Dabei besteht der **Gewinn** (G) auf Produktebene aus dem erzielten **Erlös** (E) durch das Produkt, abzüglich aller **Kosten** (K), die dem Produkt zugerechnet werden.

$$G = E - K$$

Der **Erlös** wiederum besteht aus dem Multiplikator des **Preises** (P) pro Mengeneinheit eines verkauften Produktes und den Multiplikanden der Anzahl der verkauften Produkte, der **Absatzmenge** (A). Hierbei zeichnet sich eine Veränderung des Preises durch eine doppelte Wirkbeziehung aus: Die Reduktion des Preises verursacht eine direkte Steigerung der Nachfrage (Absatzmenge), gleichzeitig aber findet aber eine gegenläufige Wirkung auf den Umsatz statt. Entscheidend ist, in welchem Verhältnis sich die beiden Komponenten aufwiegen.

$$E = P * A$$

Die Kernrelation dieses vereinfachten Systems bilden die **Preisabsatzfunktion** und die **Kostenfunktion** (in Abb. 1.2 als Pfeile mit durchgehenden Linien dargestellt). Mathematisch wird diese Abhängigkeit durch die Funktion K(x) beschrieben, wobei x die Menge (Stückzahl oder andere Messeinheit) darstellt und K(x) in Geldeinheiten ausgedrückt wird. Die Kostenfunktion stellt den Zusammenhang zwischen der Produktionsmenge oder der Anzahl der verkauften Einheiten im Handel und den (gesamt) dafür anfallenden Kosten dar.

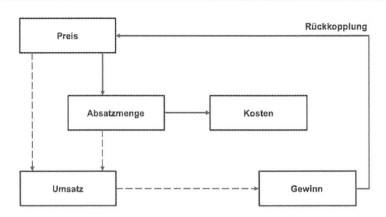

Abb. 1.2 Wirkungszusammenhang des Preises

Es wird zwischen Fixkosten und variablen Kosten unterschieden. Die Fix-kosten (K_f) sind unabhängig von der Menge und entstehen auch, wenn nichts produziert oder gehandelt wird. Beispiele hierfür sind Mieten oder Personal-kosten. Die variablen Kosten (K_v) sind hingegen mengenabhängig.

$$K(x) = K_f + K_v * x$$

Die **Preisabsatzfunktion** stellt einen Zusammenhang zwischen dem (angebotenen) Preis (P) für ein Produkt und der (realisierbaren) Absatzmenge (A) dar, wobei der Preis die unabhängige Variable darstellt und die Absatzmenge die abhängige Variable der Gleichung.

$$A = f(P)$$

Grundsätzlich sind nach Simon und Faßnacht (2009, S. 14) drei Wirkungs-beziehungen für das Preismanagement entscheidend (in Abb. 1.2 durch die gestrichelten Linien dargestellt):

- Preis → Umsatz → Gewinn
- Preis → Absatzmenge → Umsatz → Gewinn
- Preis → Absatzmenge → Kosten → Gewinn

1.3   Ökonomische Betrachtung

Die Preistheorie als Teilgebiet der Mikroökonomik erklärt im Rahmen der Markttheorie die Preisbildung auf verschiedenen Märkten. So hat sich seit Cournot[1] die Erkenntnis durchgesetzt, dass die Preisbildung je nach Struktur und Anzahl der Marktteilnehmer unterschiedlich verläuft.

Dabei wird der Markt als das Zusammentreffen von Angebot und Nachfrage bezeichnet, wobei dies nicht zwangsläufig in physischer Form erfolgen muss, aber im Lebensmitteleinzelhandel vorwiegend im Ladengeschäft stattfindet. Die Marktstruktur wird durch qualitative (Vollkommenheitsgrad) und quantitative (Struktur der Marktteilnehmer) Merkmale geprägt. Ein vollkommener Markt ist durch folgende Eigenschaften gekennzeichnet:

- **Homogenität:** Es wird ein einheitliches, undifferenziertes Gut gehandelt.
- **Transparenz:** Es herrscht eine vollständige Markttransparenz und alle Teilnehmer verfügen über alle (und die gleichen) Informationen.
- **Freier Tausch:** Die Tauschhandlungen zwischen Anbietern und Nachfragern sind frei von Zwängen und persönlichen Präferenzen.
- **Unabhängigkeit:** Die einzelwirtschaftlichen Pläne der Akteure sind unabhängig voneinander.

Die Folge dieser Eigenschaften ist, dass es auf einem vollkommenen Markt keine Preisunterschiede gibt. In der Realität kommt ein vollkommener Markt de facto nicht vor, einzig der Handel an der Börse stellt einen Markt dar, der einem vollkommenen Markt nahekommt.

Ein Markt, auf dem mindestens eine der genannten Bedingungen nicht erfüllt ist, wird als unvollkommener Markt bezeichnet.

Die Struktur der Akteure in dem Markt (die Marktform), in dem das Unternehmen sich bewegt, ist ein entscheidender Faktor für das Preismanagement. Die Marktform oder Marktstruktur ist dabei geprägt von der Anzahl sowie der Größenverteilung von Anbietern und Nachfragern, dem Vorhandensein von Markteintrittsschranken, der Kostenstruktur und der Möglichkeit zur Produktdifferenzierung oder Diversifikation. Das Marktverhalten umfasst die Strategien der Anbieter, um mit den Strategieparametern des Preises, der Mengen, der Möglichkeit zur Produktdifferenzierung oder der Werbung die eigene Zielsetzung

---

[1]Antoine Augustin Cournot (1801–1877).

Anbieter	Nachfrager		
	ein großer	wenige mittlere	viele kleine
ein großer	Bilaterales Monopol	Beschränktes Monopol	Monopol
wenige mittlere	Beschränktes Monopson	Bilaterales Oligopol	Oligopol
viele kleine	Monopson	Oligopson	Polypol

Abb. 1.3 Das morphologische Marktformenschema

zu erreichen. Unter dem Marktergebnis versteht Wied-Nebbeling (1997, S. 1) dabei die allokative Effizienz, welche sich im Preis und der Höhe des Gewinns der Anbieter zeigt.

Dabei strukturiert das Marktformendiagramm nach Stackelberg (1948) den Markt anhand der Anzahl der Teilnehmer (einer, wenige oder viele auf beiden Seiten) (Abb. 1.3).

Es werden folgend nur die Marktformen des Monopols und des Oligopols weiter beschrieben, um dem Leser ein theoretisches Grundverständnis der Wirkmechanismen zu vermitteln. Die meisten Modelle in der Praxis nutzen eine der beiden Marktformen als grundlegende Annahme.

1.3.1   Preisbildung im Monopol

Bei der Preisbildung im Monopol wird unterstellt, dass der Monopolist die Nachfrage (die Preis-Absatz-Funktion in seinem Sinne) kennt. Grundsätzlich könnte er als Aktionsparameter sowohl den Preis als auch die Menge variieren. Hierzu merkt Wied-Nebbeling (2004, S. 23) an, dass die Setzung des Preises die realistischere Veränderungsoption ist, da bei Festlegung der Produktionsmenge der Monopolist sonst „einen Auktionator, der die Preisfindung übernimmt, oder eine Börse, auf der die vielen kleinen Nachfrager ihre Preisgebote bekannt geben könnten" brauchen würde.

Basierend auf der zuvor genannten Gewinnfunktion lautet die gesuchte Zielfunktion zur Preisbildung im Monopol analog:

$$G(p) = p * x(p) - K\left[x(p)\right] \to \max$$

abgeleitet nach erster Ordnung ergibt sich:

$$\frac{\mathrm{d}G(p)}{\mathrm{d}p} = x(p) * \frac{\mathrm{d}x(p)}{\mathrm{d}p} - \frac{\mathrm{d}k}{\mathrm{d}x} * \frac{\mathrm{d}x(p)}{\mathrm{d}p} = 0$$

umgeformt und mit dp/dx multipliziert ergibt sich daraus:

$$x + p * \frac{\mathrm{d}p}{\mathrm{d}x} + p = \frac{\mathrm{d}K}{\mathrm{d}x} * \frac{\mathrm{d}x}{\mathrm{d}p}$$

$$x * \frac{\mathrm{d}p}{\mathrm{d}x} + p = GK \quad \Leftrightarrow$$

Der Ausdruck auf der rechten Seite der Gleichung entspricht den Grenzkosten (GK), und der Ausdruck auf der linken Seite dieser Gleichung bezeichnet den Grenzerlös (GE), der sich zur Amoroso-Robinson-Relation umformen lässt, indem man den ersten Teil mit p erweitert und dabei berücksichtigt, dass $\frac{x}{p} * \frac{\mathrm{d}p}{\mathrm{d}x}$ dem Kehrwert der Preiselastizität der Nachfrage entspricht. So ergibt sich:

$$GE = p \left(1 + \frac{1}{\varepsilon_{x,p}} \right)$$

$$p * \frac{x}{p} * \frac{\mathrm{d}p}{\mathrm{d}x} + p = GK$$

$$p \left(1 + \frac{1}{\varepsilon_{x,p}} \right) = GK \quad \Leftrightarrow$$

Daraus ergibt sich der Monopolpreis p^M als:

$$p^M = \frac{GK}{1 + \frac{1}{\varepsilon_{x,p}}}$$

1.3.2 Preisbildung im Oligopol

Im Oligopol hängt der Gewinn eines Unternehmens nicht nur von den Rahmenbedingungen des Marktes an sich und den eigenen Entscheidungen ab, sondern auch die Interdependenzen, also die Auswirkung der Entscheidung jedes einzelnen Marktteilnehmers auf alle anderen Marktteilnehmer (Konkurrenten) sind entscheidende Determinanten des Gewinns. Im einfachsten Fall wird dabei von einem Dyopol (oder Duopol) als Spezialfall des Oligopols ausgegangen. Der Preis der beiden Unternehmen hängt dabei von den beiden Absatzmengen ab. Womit die beiden Preisabsatzmengen folgendermaßen lauten:

Abb. 1.4 Abhängigkeit des Marktergebnisses von Reaktionshypothesen im Oligopol

$$p_1 = p_1(x_1, x_2) \quad \wedge \quad p_2 = p_2(x_2, x_1)$$

Somit hängt der zu maximierende Gewinn sowohl von dem eigenen als auch dem Preis des Konkurrenten ab:

$$G_1 = G_1(p_1, p_2) \quad \wedge \quad G_2 = G_2(p_2, p_1)$$

Zur Bestimmung des Gewinnmaximums wird die Gewinnfunktionen des Anbieters 1 (G_1) abgeleitet und es muss gelten:

$$\frac{dG_1}{dp_1} = \frac{\partial G_1}{\partial p_1} + \frac{\partial G_1}{\partial p_2} * \frac{dp_2}{dp_1} = 0$$

Dabei ist $\frac{dp_2}{dp_1}$ der Reaktionskoeffizient, der die Reaktion des Anbieters 2 auf die Preissetzung von Anbieter 1 widerspiegelt. Die Reaktion muss von Anbieter 1 geschätzt werden.

Der Reaktionskoeffizient ist dabei das Ergebnis der Vermutung über das strategische Verhalten des Konkurrenten. Dabei sind verschiedene Parameter wie die Art des Produktes oder der Aktionsparameter zu berücksichtigen, die zusammen eine Reaktionshypothese bilden (Abb. 1.4).

Diese Reaktionshypothesen werden durch verschiedene theoretische Oligopol-modelle ausgedrückt, einige Beispiele finden sich im Folgenden:

- **Cournot-Oligopol:** Die Teilnehmer entscheiden vorab simultan über die Angebotsmengen.
- **Stackelberg-Wettbewerb:** Die Teilnehmer entscheiden vorab nacheinander über die Angebotsmengen.
- **Bertrand-Wettbewerb:** Die Teilnehmer entscheiden vorab simultan über die Angebotspreise.

Optionen	B erhöht den Preis nicht ($p_B = 5$)	B erhöht den Preis ($p_B = 6$)
A erhöht den Preis nicht ($p_A = 5$)	$G_A = 50$ $G_B = 50$	$G_A = 80$ $G_B = 20$
A erhöht den Preis ($p_A = 6$)	$G_A = 20$ $G_B = 80$	$G_A = 60$ $G_B = 60$

Abb. 1.5 Auszahlungsmatrix bei der Preissetzung im Dyopol

- **Kreps-Scheinkman-Modell:** Die Teilnehmer entscheiden zunächst simultan über den Aufbau von Kapazitäten und danach simultan über die Angebotspreise.

- **Sweezy-Modell:** Der Preis als Wettbewerbsoption entfällt, da dieser starr bleibt und somit nur über andere Determinanten entschieden werden kann.

Eine Methode zur Analyse und Bewertung der zahlreichen Möglichkeiten ist die Spieltheorie.

1.3.3 Spieltheorie

Während im vorhergehenden Kapitel die Reaktion der Konkurrenz als Reaktionskoeffizient geschätzt wurde, beschäftigt sich die Spieltheorie mit dem Entscheidungsverhalten bei sozialer Interaktion, also in Situationen, in denen das Ergebnis für einen Einzelnen nicht nur von der eigenen Entscheidung abhängt, sondern auch von dem Verhalten aller anderen Beteiligten.

Das im vorhergehenden Kapitel skizzierte Dyopol wird im Folgenden unter einem spieltheoretischen Ansatz analysiert. Ausgangspunkt sind zwei Unternehmen (U_A und U_B), die über die preispolitische Maßnahme einer Preiserhöhung von einem Ausgangpreis $p = 5$ entscheiden müssen. Es sind nur zwei Handlungsmöglichkeiten gegeben: eine Erhöhung oder eine Beibehaltung des Preises.[2] Abb. 1.5 sind die aus den Handlungsalternativen und der Reaktion des jeweiligen

---

[2]Diese Situation entspricht dem Gefangenendilemma.

andern Akteures zu erzielenden Gewinne als Auszahlungsmatrix zu entnehmen. Es gelten zusätzlich zwei Bedingungen, die U_A bekannt sind:

* U_B handelt gewinnmaximierend.
* U_B geht davon aus, dass auch U_A gewinnmaximierend handelt.

Aus den Strategiekombinationen ergibt sich, dass falls U_A den Preis erhöht ($p_A = 6$), U_B – da es gewinnmaximierend handelt – den Preis nicht erhöhen wird ($p_B = 5$). Denn in diesem Fall wäre für U_B der Gewinn höher ($G_B = 80$), als wenn es die Preiserhöhung mitmacht ($G_B = 60$). Da U_A das Streben nach Gewinnmaximierung bekannt ist und es selber gewinnmaximieren handelt, eine einseitige Preiserhöhung aber in einen Gewinn für $G_A = 20$ und $G_B = 80$ resultiert, wird U_A seinen Preis beibehalten. Daher ist die Strategie, keine Preiserhöhung durchzuführen, für beide Unternehmen die ideale Strategie (dominante Strategie). Gleichzeitig hat auch U_B keinen Grund für eine Preiserhöhung, das Spiel ist in dieser vereinfachten Form symmetrisch.

Würde es nun eine verbindliche Absprache zwischen den beiden Unternehmen (kooperatives Spiel) geben, wie im Falle eines Kartells, könnten beide Unternehmen den Preis erhöhen ($p_A = p_B = 6$) und somit beide den maximal möglichen Gewinn ($G_a = G_b = 60$) erzielen.

1.4   Psychologische und verhaltenstheoretische Betrachtung

Während die zuvor genannten ökonomischen Modelle der Preistheorie einen vollkommen rational handelnden Konsumenten und unter anderem die vollständige Kenntnis der eigenen Präferenzstruktur, eine Nutzenmaximierungsannahme, eine vollständige Markttransparenz, vollständige Informationen, eine unbegrenzte Kapazität der Informationsverarbeitung, keine (zeitlichen, sachlichen oder räumlichen) Präferenzen oder keine Beeinflussung durch andere Personen oder vorhergehende Kauferfahrung als Axiome voraussetzen, wenden Meffert et al. (2015, S. 449) ein, dass die Reaktionen der Konsumenten auf Preise in hohem Maße von psychologischen und sozialen Faktoren beeinflusst werden. Besonders deutlich wird dies bei der Betrachtung verschiedener ökonomischer Paradoxa: Snob-Effekt, Veblen-Effekt oder Giffen-Paradoxon. Bei allen drei Phänomenen steigt die nachgefragte Menge eines Guts, wenn sich dessen Preis erhöht. Dies widerspricht den klassischen ökonomischen Modellen (siehe Abschn. 1.3), da diese eine gegengesetzte Reaktion (sinkende Nachfrage) annehmen würden.

▶   Die zuvor dargestellten ökonomischen Preistheorien bestehen aus
    einer unabhängigen (dem Preis) und einer abhängigen (der Absatz-
    menge) Variablen. Betrachtet man diese aus einer verhaltenswissen-
    schaftlichen Perspektive, liegt ein Blackbox-Modell vor, welches
    aus Stimulus (dem Preis) und Response (der Absatzmenge) besteht.
    Warum aus dem Stimulus (der Kunde sieht den Preis) die betreffende
    Response (der Kunde kauft das Produkt – oder eben nicht) abgleitet
    wird, bleibt unbekannt.

Diese   modelltheoretische   Betrachtung   als   Stimulus-Response-Modell
(S-R-Modell) lässt aber alle Vorgänge zwischen Stimulus und Response aus.

Werden kognitive Prozesse, psychische Vorgänge, Emotionen, Gefühle, Wahr-
nehmungen oder Erinnerungen zusätzlich betrachtet, spricht man von einem
Stimulus-Organismus-Response-Modell (S-O-R-Modell), welches vor allem
Abweichungen des individuellen Verhaltens innerhalb der klassischen ökonomischen Preistheorien ergänzend berücksichtigt. Weiterhin lassen sich nur der
Stimulus und die Response beobachten, wohingegen es sich bei den Vorgängen
innerhalb des Organismus um theoretische Konstrukte für die Erklärung des
Zusammenhangs handelt. Im S-O-R-Modell werden beobachtbare und inter-
venierende Variablen miteinander verknüpft und das Modell wird um aktivierende
und kognitive Prozesse erweitert.

Die meisten der Forschungsarbeiten im Rahmen der verhaltenswissenschaft-
lichen Preisforschung strukturieren die Konzepte anhand der aus der Psychologie
stammenden kognitiven Informationsverarbeitungstheorie.

Jacoby und Olson (1977, S. 75 f.) entwickelten als eine der Ersten ein ent-
sprechendes S-O-R-Modell und griffen dabei auf die kognitive Informationsverarbeitungstheorie zurück. Ziel der Arbeit war es dabei, die drei Aspekte
Preis („price"), Einstellung („consumer attitude") und Reaktion der Verbraucher
(„consumer response") gemeinsam zu untersuchen und eine Erklärung zu entwickeln, warum Verbraucher auf einen bestimmten Preis reagieren, und nicht nur,
in welchem Umfang sie dies tun.

Dabei wird ein objektiver Preis (O-Preis) als Stimulus vom Konsumenten aufgenommen und mit Rückgriff auf bereits gespeicherte Preisinformationen ver-
arbeitet. Das Ergebnis, ein psychologischer Preis (P-Price), wird anschließend
bewertet, was letztendlich über Kauf oder Nichtkauf des mit dem Preis verbundenen Produkts entscheidet. Das Modell wurde von vielen Forschern
aufgegriffen und stellt den meistgenutzten integrativen Bezugsrahmen der ver-
haltenswissenschaftlichen Preisforschung (Bösener 2015, S. 49) dar. Eine weit

Abb. 1.6 Das S-O-R-Modell erweitert um das Preisverhalten

verbreitete Systematisierung der psychischen Vorgänge im Organismus des Nach-
fragers im Rahmen eines S-O-R-Modells stammt von Diller (2000, S. 105) mit
der Differenzierung nach (Abb. 1.6)

- aktivierenden Prozessen,
- kognitiven Prozessen und
- Preisintentionen.

Der Einfluss von Digitalisierung und Künstlicher Intelligenz auf die Preispolitik

2

2.1 Technologie-Hype-Cycle der Preispolitik

Der unerschöpfliche Strom neuer und sich entwickelnder Technologien wird durch unterschiedliche Rahmenbedingungen in der Praxis katalysiert. Viele dieser Technologien verändern dabei die Umsetzung der Preispolitik oder verschieben sogar die Möglichkeiten komplett. Dabei liegt ein Fokus auf Forschungsunternehmen wie Gartner oder Forrester, die versuchen, ihren Kunden eine Orientierung zu bieten. Der „Hype Cycle" von Gartner ist eines der beliebtesten und bekanntesten Beispiele. Es handelt sich dabei um eine Ableitung des Technologie-Lebenszyklus-Ansatzes von Krubasik (1982), der die generische Entwicklung neuer Technologien und ihre Nutzung während einer fiktiven Zeitachse beschreibt. Der Begriff „Hype Cycle" wurde von Gartner (Fenn 1995) geprägt und wird heute verwendet, um den Zustand von neuen Technologien zu bewerten.

Dabei liegt der Fokus des klassischen Hype-Cycle-Konzepts auf einer anwendungsfokusneutralen Bewertung der Technologie an sich, ohne konkrete Domänen zu berücksichtigen. Eine Domänenorientierung ist für alle Nicht-Technologen jedoch deutlich interessanter als die generische Übersicht. Dies soll in diesem Kapitel abgebildet werden: Es wird zunächst das Grundkonzept des Hype Cycles vorgestellt, um danach eine Einschränkung der Technologien mit Relevanz für die Preispolitik vorzunehmen und nur für diese Themen eine weitere Konkretisierung vorzunehmen.

Der klassische Zyklus wird in einem Diagramm dargestellt (siehe Abb. 2.1): Auf der Y-Achse wird die Aufmerksamkeit (Erwartungen) dargestellt, die eine Technologie im Markt kreiert, und auf der X-Achse die Zeit seit der Ankündigung (Veröffentlichung oder erste öffentliche Erwähnung). Dabei folgt die Einordnung einer Technologie einem generellen Muster: der S-Kurve oder

© Springer Fachmedien Wiesbaden GmbH, ein Teil von Springer Nature 2020
F. Weber, *Preispolitik im digitalen Zeitalter*, essentials,
https://doi.org/10.1007/978-3-658-30646-5_2

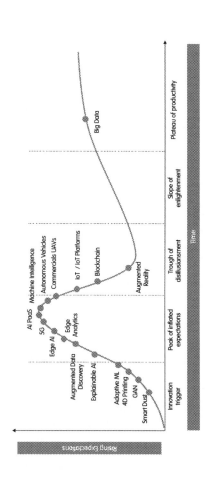

Abb. 2.1 Der Technologie-Hype-Cycle eingeschränkt auf Technologien mit Einfluss auf die Preispolitik. (Quelle: in Anlehnung an Gartner bzw. Fenn 1995)

dem Technologielebenszyklus. Die Kurve steigt zu Beginn explosionsartig an und fällt dann nach Erreichen des Höhepunktes ebenso stark ab. Nach einem Zwischenminimum steigt die Kurve wieder auf ein höheres Massenträgheitsmoment an. Mathematisch gesehen ist es einfach der Zerfall nach einer Sprunganregung in Form einer starken, exponentiell gedämpften Schwingung, mit Annäherung an eine Gleichgewichtslage um den Sprung herum, höher als zu Beginn der Schwingung.

Der Hype Cycle ist entsprechend dieser Definition in fünf Abschnitte unterteilt:

1. **Innovation trigger:** Die erste Phase ist der technologische Auslöser oder Durchbruch, also der Beginn des Projekts oder jedes anderen Ereignisses, das auf großes Interesse in der Fachöffentlichkeit stößt.
2. **Peak of inflated expectations:** Eine frühe Berichterstattung bringt eine Reihe von Erfolgsgeschichten hervor – oft begleitet von einer Vielzahl an Misserfolgen. Einige Unternehmen ergreifen Maßnahmen, die meisten sind aber skeptisch und warten ab.
3. **Trough of disillusionment:** Das Interesse schwindet, da Experimente und Implementierungen nicht zum Erfolg führen. Die Hersteller der Technologie scheitern oder konzentrieren sich auf andere Technologien. Initiale Investitionen werden nur fortgesetzt, wenn die überlebenden Anbieter ihre Produkte zur Zufriedenheit der Early Adopters verbessern können.
4. **Slope of enlightenment:** Es kristallisieren sich immer mehr Beispiele dafür heraus, wie die Technologie dem Unternehmen zugutekommen kann, und es wird ein breiteres Verständnis dafür entwickelt. Produkte der zweiten und dritten Generation erscheinen von Technologieanbietern. Mehr Unternehmen finanzieren Pilotprojekte; konservative Unternehmen bleiben aber immer noch vorsichtig und adaptieren die Technologie erstmal nicht.
5. **Plateau of productivity:** Eine Technologie erreicht ein Plateau der Produktivität, wenn die Vorteile allgemein anerkannt sind. Die Technologie wird immer solider und wird in der zweiten oder dritten Generation weiterentwickelt. Die endgültige Höhe dieses Plateaus hängt stark davon ab, ob die Technologie in Massen- oder Nischenmärkten angenommen wird.

Auch wenn es manchmal so erscheint, so sind nicht alle Technologien gleichwertig (hinsichtlich der Veränderungsreichweite) und erst recht nicht gleichbedeutend für gewisse Branchen oder Domänen (hier die Preispolitik). So werden selbstfahrende Autos (Autonomous Vehicles) sicherlich eine bedeutende Technologie für viele Branchen – insbesondere die Logistik und verwandte Dienstleistungen – sein, aber die Auswirkungen auf die Preispolitik sind gering bis nicht vorhanden. Sicherlich werden sich durch diese Technologie veränderte Anwendungsszenarien und Rahmenbedingungen ergeben (beispielsweise unterschiedliche Kostenstrukturen zwischen stationärem und Online-Handel durch Reduzierung der Logistik- und Belieferungskosten), aber dies trifft die Preispolitik eher indirekt. Bei anderen Technologien, wie der Künstlichen Intelligenz (KI) oder dem Internet of Things (IoT), kann man davon sprechen, dass die Kernaufgaben und Möglichkeiten der Preispolitik sich ändern. Mit KI und den verwandten Methoden (siehe Abschn. 2.2) ändert sich vor allem die Möglichkeit, wie Preisentscheidungen berechnet werden können. Wesentliche Entwicklungen in diesem Bereich erlauben inzwischen, hochkomplexe Prognosemodelle mit tausenden Variablen nahezu in Echtzeit auszuführen. Mit IoT werden Daten erhoben, die es bisher so nicht einmal gab. Damit sind komplexere, ergo genauere, Modelle möglich, aber auch Preisentscheidungen für Situationen, die bisher nicht erfasst werden konnten. Die Kombination aus Preisoptimierung, Absatzprognose und Predictive-Maintainance-Vorhersagemodell kann nun dafür sorgen, dass die Gefriertruhe im Supermarkt leer (ausverkauft) ist, da der Preis reduziert wurde, bevor der Techniker diese repariert, da drei Tage später der Kompressor ausfallen wird.

Im Folgenden werden einige der in Abb. 2.1 erwähnten Technologien, die für Preispolitik relevant sind, kurz erläutert und es wird auf deren Möglichkeiten eingegangen. Eine Einordung in den Kontext der Preispolitik findet in Kap. 3 statt.

- **Generative Adversarial Networks (GANs):** Sie wurden ursprünglich von Ian Goodfellow eingeführt und verwenden zwei verschiedene neuronale Netze gleichzeitig. Die zugrunde liegende Architektur sorgt dafür, dass diese beiden neuronale Netzwerke miteinander konkurrieren, um die gewünschten Daten zu erzeugen. Der Output von GAN umfasst Bilder, Animationsvideos, aber auch Zahlen und Texte.
  Die beiden neuronalen Netze werden dabei als generatives Netz und als Diskriminatornetz bezeichnet. Das generative Netz wird mit Rohdaten versorgt, um „gefälschte" (also künstliche) Daten zu erzeugen. Diese Daten werden dann an das Diskriminatornetz geliefert. Dem Diskriminatornetz werden gleichzeitig reale Daten und Fake-Daten (die Ausgabe aus dem generativen Netz) zur Verfügung gestellt, um ein endgültiges Bild oder eine Animation zu erzeugen. Dabei erzeugen GANs Daten, die den Originaldaten ähnlich sind. So kann ein GAN eine neue Version eines Bildes basierend auf einem Originalbild erzeugen. Ebenso kann es verschiedene Versionen von Text, Video und Audio erzeugen. GANs gehen dabei auf Details der Daten (Struktur, Abhängigkeiten oder Muster) ein und können mit diesem Grundverständnis für das

Artefakt leicht weitere Versionen erzeugen, sodass sie bei der Durchführung von Maschinellem Lernen hilfreich sind. Mit Grundverständnis ist dabei beispielsweise gemeint, dass das Netz die Struktur und den Zusammenhang eines Gesichts (zwei Augen, Nase in der Mitte und unten ein Mund) erlernt und somit gleichartige Versionen mit gleicher Struktur erzeugen kann. Durch den Einsatz von GANs und maschinellem Lernen können die Systeme Bäume, Straßen, Radfahrer, Personen und geparkte Autos (Output/Prädiktion des GANs) leicht erkennen, da eben keine exakte 1-zu-1-Kopie gesucht wird (Input), sondern auf die grundlegenden Strukturen und Zusammenhänge abstrahiert wird. Neben der offensichtlichen Einsatzmöglichkeit zur Erzeugung von künstlichen Bildern oder Videos (wie den folgenden Frame in einem Video vorhersagen) gibt es auch einige Vorteile im Marketing. So können GANs auch mit fehlenden Daten umgehen und Vorhersagen über fehlende Daten treffen. Somit können GANs in Situationen mit neuartigen und unbekannten Elementen helfen. Hierunter würde die Preissetzung für ein neues Produkt ohne verfügbare Transaktionsdaten oder auch mit fehlenden Daten aufgrund fehlender Speicherung fallen.

- **Adaptive Machine Learning:** Ein traditionelles ML-Modell besteht generell aus zwei separaten Teilprozessen (Pipelines): dem Training und der Vorhersage. Die Trainings-Pipeline sammelt dabei die Daten und bearbeitet diese im Rahmen von verschiedenen Phasen. Diese gliedern sich aufeinander aufbauend von der Datenbereinigung, Gruppierung, Transformation bis zum eigentlichen Training des Modells an sich auf. Dabei werden historische Daten genutzt. Die Vorhersage-Pipeline auf der anderen Seite analysiert aktuelle (am besten live) Daten, um eine Vorhersage für eine Entscheidungsfindung zu erhalten. Dabei nutzt sie das im ersten Schritt trainierte Modell oder neuronale Netz. Diese zwei separaten Pipelines haben, trotz der weiten Verbreitung, aber auch gewisse Nachteile. Zu den offensichtlichen Herausforderungen, wie dem Aufbau einer integrierten Infrastruktur für die beiden Pipelines und den damit verbundenen Kosten, kommt die Tatsache hinzu, dass die Bearbeitungszeit fast immer relativ lang ist. Bei in der Produktion eingesetzten Methoden können einige Bedingungen oder Ereignisse dazu führen, dass die Funktionsgenauigkeit und Effizienz des Modells erheblich beeinflusst werden. Dies passiert, wenn sich die Betriebsumgebung des Systems ändert, die Eingaben sich ändern oder sich das gewünschte Ergebnis ändert. Betrachtet man das folgende Beispiel, so wird dies deutlich: Der Umsatz eines Onlineshops hängt stark von der Akzeptanz der Cross-Selling-Angebote („Kunden interessierten sich auch für") ab. Mithilfe der bisherigen Userhistorien, dem Browserverlauf und den Cookies des Benutzers werden die Angebote für die aktuellen

Nutzer prognostiziert. Im Prinzip funktioniert dieses Modell sehr gut, aber dann kommt es im Zeitverlauf zu einem ein Großereignis und eine gewisse Produktkategorie erfährt große mediale Aufmerksamkeit. Wie erwartet steigt damit das Interesse an dieser ungewöhnlichen und neuen Produktkombination, selbst bei Personen, die erst durch das Großereignis auf die Produkte aufmerksam geworden sind und sonst nie Interesse gezeigt haben. Hier liegt die Herausforderung für das bisherige Modell: Selbst wenn das Modell jeden Tag im Batchverfahren trainiert wird, so würde es dennoch nur Produkte auf der Grundlage der bisher zusammen konsumierten Produkte auswählen. Einfach aus dem Grund heraus, dass das Modell nicht schnell genug neue Trainingsdaten erhält, um sich noch am selben Tag an die Veränderungen der Nutzerpräferenzen anzupassen. Da die Methode des adaptiven Lernens nur eine einzige Pipeline verwendet, kann diese einen kontinuierlich bereicherten Lernansatz abbilden, der das System immer auf dem neuesten Stand hält und dem Modell so zu einem hohen Leistungsniveau verhilft. Der Prozess des adaptiven Lernens überwacht und lernt die neuen Änderungen, die an den Eingabe- und Ausgabewerten und den damit verbundenen Eigenschaften vorgenommen werden. Darüber hinaus lernt das Modell von den Ereignissen, die das Verhalten beeinflussen, in Echtzeit und behält somit seine Genauigkeit jederzeit bei. Gerade im dynamischen Umfeld des Handels und der Preissetzung unter Berücksichtigung von Kundenverhalten oder auch exogener Einflussfaktoren, wie Rohstoffpreise oder Werbeaktionen, lassen sich deutlich besser mit dem Konzept des Adaptive Machine Learnings abbilden.

- **Explainable AI:** Die Erklärbarkeit ist eine der größten Herausforderungen im Zusammenhang mit Deep Learning, wobei gleichzeitig die Einhaltung von Ethik und Vorschriften sichergestellt werden muss. Erklärbare KI umfasst verschiedene Ansätze und Techniken, um in der Lage zu sein, die Argumentation eines KI-Algorithmus zu erklären. Gerade in der Preissetzung kommen heute verschiedene Aspekte zusammen, die es erforderlich machen, die Modelle und die Ergebnisse dem Endanwender zu erklären. So sind die persönlichen Ziele von Einkäufern meistens mit der Performance der verkauften Produkte verknüpft. Sobald nun ein softwaregestütztes Preissetzungssystem den Kernaspekt, der für die Performance im Verkauf verantwortlich ist, automatisiert umsetzen soll, entsteht eine Situation mit möglicherweise fehlender Nutzerakzeptanz. Genau hier setzt Explainable AI an: Dem Einkäufer wird dabei transparent erklärt, warum das Modell den jeweiligen Preis vorgeschlagen hat und für optimal hält. Dies senkt die Hürde zur Akzeptanz des Systems deutlich.

- **Internet of Things (IoT):** Während im Rahmen von ML, Analytics und Big Data neue Technologien zur schnelleren und genaueren Berechnung von umfangreicheren Daten benutzt werden, so sorgt IoT dafür, dass auch wesentlich mehr Daten insgesamt zur Verfügung stehen. In der Preispolitik können dies kunden-, standort- oder produktbezogene Daten sein. Nutzen die Kunden in einem stationären Geschäft beispielsweise Smartphones oder intelligente/ vernetzte Einkaufswagen, können die daraus resultierenden Daten für ein Preisoptimierungsmodell verwendet werden. Ebenso, wie mit elektronischen Preisetiketten am Regal, oder noch besser am einzelnen Produkt selber, bisher unbekannte Daten erhoben werden können. Ebenso würden mit IoT Daten über die Lokalitäten erfassbar werden. So kann eine dynamische Preisgestaltung bezogen auf Wartezeiten oder aktuelle Situationen und Umfeldbedingungen modelliert werden.

- **Edge AI:** Normalerweise finden die Datenspeicherung und -haltung sowie die Berechnung von Modellen und Entscheidungen auf zentralen Systemen statt, und die externen Systeme – wie die Kassen im Supermarkt – führen nur die Ergebnisse aus bzw. leiten die Daten an die zentralen Systeme weiter (im weitesten Sinne folgt dies dem Grundsatz der „Client-Server-Architektur"). Dies gilt auch für alle Arten von Künstlicher Intelligenz, Maschinellem Lernen und auch der Preissetzung, da alle genannten Vorgänge sehr rechenintensiv sind und sich auf größere Datenmengen beziehen. Der Nachteil dieser zentralen Berechnung ist allerdings, dass die Daten erstmal von den verteilten (Kassen) zum zentralen System (ERP-, oder Preisoptimierungssystem) versendet werden müssen. Danach erfolgen die Berechnungen und das Ergebnis wird wiederum an die verteilten Systeme übermittelt. Dies ist zeitintensiv und setzt eine stabile und schnelle Verbindung voraus. Gerade bei der Entscheidung für den Preis in einem aktiven Kaufvorgang (an der Kasse im Supermarkt muss über den Rabatt für den individuellen Kunden entschieden werden) ist diese Latenz eventuell nicht akzeptabel. Daher versucht das Konzept der Edge AI, die Berechnung der Algorithmen zu den dezentralen Stellen, hier zur Kasse, zu verlagern. Die Ausführung der Künstlichen Intelligenz wird physisch näher zum Endanwender verschoben und erfolgt somit nahezu ohne Latenz, was völlig neue Möglichkeiten eröffnet, gerade in verteilten Szenarien.

- **Machine Intelligence:** Maschinelles Lernen ist die Wissenschaft davon, Computern beizubringen, wie Menschen zu lernen und zu handeln und ihr Lernen im Laufe der Zeit auf autonome Weise zu verbessern, indem man sie mit Daten und Informationen in Form von Beobachtungen und Interaktionen aus der realen Welt trainiert. Da KI und ML von besonderer Bedeutung sind, findet sich in Abschn. 2.2 eine ausführliche Erläuterung.

- **AI PaaS:** Die Methoden der Künstlichen Intelligenz haben breite Anerkennung gefunden und werden im Gesundheitswesen, im Marketing, in der Cybersicherheit und in anderen Bereichen eingesetzt. Da die Künstliche Intelligenz jedoch eine ressourcenintensive Technologie ist, kann ihr Einsatz kostspielig sein. Das betrifft nicht nur den technischen Einsatz, sondern vor allem auch den Aufbau von Ressourcen und Know-how. So sind schon „reine" Data-Scientist- oder Machine-Learning-Experten kaum auf dem Arbeitsmarkt verfügbar. Wenn nun die Kombination mit einem Domänenbezug – bezogen auf notwendiges Vorwissen in der Preispolitik oder aber auch einfache, aber notwendige Kenntnisse der ökonomische Gegebenheiten des Anwendungsgebietes (Handel, Industrie oder Dienstleistungen) – benötigt wird, scheitern eigentlich alle Unternehmen beim Aufbau von geeigneten Teams. Vielmehr können diese nur auf spezialisierte Dienstleister (Unternehmensberater) zurückgreifen oder langfristige Projekte zum internen Aufbau und Ausbildung solcher Teams organisieren. Aus diesem Grund nutzen viele Unternehmen „AI as a Service"(AIaaS)-Angebote von Cloud-Anbietern, um mit KI-basierten Technologien zu experimentieren. Diese Angebote reduzieren das notwenige Know-how zum Aufbau von KI- bzw. ML-Pipelines und auch das notwendige Wissen an statistischen oder mathematischen Hintergründen. Dabei gibt es sowohl spezialisierte Anbieter für eine konkrete Problemlösung (wie die hier im Buch beschriebenen Preisoptimierungssoftwarelösungen) als auch die Plattformen der großen IT-Unternehmen (Google, Amazon AWS), die generische Lösungen anbieten. Aber auch hier finden sich konkrete und vordefinierte Problemlösungen, die auch ohne Wissen rund um ML genutzt werden können. So bietet Amazon AWS mit der Lösung „Amazon Forecast" einen vollständig verwalteten Service an, der auf Machine Learning basiert und Prognosen ermöglicht. Dabei erfordert der Einsatz nur die Integration der bestehenden Daten und der Ergebnisse. Der Service ist so konzipiert, dass er automatisch das passende ML-Modell auswählt und auch ein kontinuierliches Training abbildet.

2.2   Künstliche Intelligenz

McCarthy (1998) definiert Künstliche Intelligenz (KI) als „[...] die Wissenschaft und Technik der Schaffung intelligenter Maschinen, insbesondere intelligenter Computerprogramme". Diese Disziplin steht im Zusammenhang mit der Aufgabe, Computer zum Verständnis der menschlichen Intelligenz zu nutzen. Damit

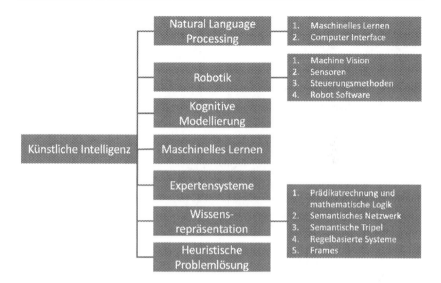

Abb. 2.2 Übersicht über die verschiedenen Zweige der Künstlichen Intelligenz. (Quelle: nach Russell und Norvig 1995)

stützen auch viele Teilbereiche und Methoden der KI sich auf biologische Muster und Abläufe, die KI ist aber nicht nur auf diese biologisch beobachtbaren Methoden beschränkt.

Dabei sind die Definitionen und die Einteilung doch recht umstritten und viele Abgrenzungen sind schwimmend. Eine Reihe von Forschungsteilbereichen (Abb. 2.2) können dennoch unterschieden werden:[1] Daher soll in diesem Abschnitt nur ein kurzer Überblick gegeben werden, damit ein generelles Verständnis entsteht. Dies ist wichtig, um die im letzten Kapitel ausgeführten Softwarelösungen bewerten zu können, denn diese werben fast alle damit, Künstliche Intelligenz zu nutzen.

Die Verarbeitung natürlicher Sprache oder Natural Language Processing (NLP) ist ein Teilgebiet der Informatik und Künstlichen Intelligenz, das sich mit den Wechselwirkungen zwischen Computern und menschlichen (natürlichen) Sprachen befasst, insbesondere mit der Programmierung von Computern zur Verarbeitung und Analyse großer Mengen an natürlichen Sprachdaten.

---

[1]Wobei auch hier gesagt werden muss, dass diese Einteilung nicht unumstritten ist.

Robotik ist ein interdisziplinärer Zweig der Ingenieur- und Naturwissenschaften, der den Maschinenbau, die Elektrotechnik, die Informationstechnik, die Informatik (und damit die KI als Teilgebiet) und andere umfasst.

Ein kognitives System ist der Versuch einer Annäherung an biologische kognitive Prozesse (überwiegend menschlich) zum Zwecke des Verständnisses und der Vorhersage.

In der Informatik, der Künstlichen Intelligenz und der mathematischen Optimierung ist eine Heuristik eine Technik, die dazu bestimmt ist, ein Problem schneller zu lösen, wenn „klassische"[2] Methoden zu langsam sind, oder auch um eine ungefähre Lösung zu finden, wenn „klassische" Methoden keine genaue Lösung ermöglichen. Diese Zielkonflikte werden auch als Zieldreieck zwischen Optimalität, Vollständigkeit (auch Genauigkeit oder Präzision) und der Lösungszeit (Geschwindigkeit) bezeichnet.

Wissensrepräsentation und -logik ist ein Feld, welches sich der Darstellung von Informationen über die Umwelt in einer Form widmet, die ein Computersystem nutzen kann, um komplexe Aufgaben wie die Diagnose eines medizinischen Zustands oder den Dialog in einer natürlichen Sprache zu lösen.

Im Bereich der Preispolitik sticht ein Teilbereich der KI besonders hervor: das Maschinelle Lernen oder Machine Learning (ML). Dabei ist ML eine Disziplin innerhalb der KI-Forschung, die sich mit der Verbesserung des Lernens auf der Grundlage von Daten beschäftigt. Letztendlich geht es darum, inwieweit Aufgaben durch die Maschine durch besonders gute Trainingsdaten oder besonders große Datenmengen aus Algorithmen kontinuierlich besser gelöst werden.

Die im Maschinellen Lernen verwendeten Algorithmen lassen sich grob in drei Kategorien einteilen (siehe Abb. 2.3): überwachtes Lernen, unüberwachtes Lernen und bestärkendes Lernen. Überwachtes Lernen beinhaltet Feedback, um anzuzeigen, wann eine Vorhersage richtig oder falsch ist, während unbeaufsichtigtes Lernen keine Reaktion beinhaltet: Der Algorithmus versucht einfach gesagt, Daten basierend auf ihrer verborgenen Struktur zu kategorisieren. Verstärkungslernen ist ähnlich wie überwachtes Lernen, da es Feedback erhält, aber nicht unbedingt für jeden Eingang oder Zustand. Im Folgenden wird untersucht, welche Ideen hinter den Lernmodellen stehen, und es werden einige Schlüsselalgorithmen, die für jedes dieser Modelle verwendet werden, vorgestellt. Algorithmen für das Maschinelle Lernen verändern und entwickeln sich ständig weiter. In den meisten Fällen neigen die Algorithmen jedoch dazu, sich in eines

---

[2]Meistens sind hier mathematische Optimierungssysteme gemeint.

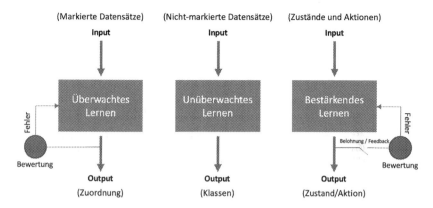

Abb. 2.3 Verschiedene Arten des Maschinellen Lernens

von drei Lernmodellen zu integrieren. Die Modelle existieren, um sich auto-matisch in irgendeiner Weise anzupassen, um ihre Funktionsweise oder ihr Ver-halten zu verbessern. Beim überwachten Lernen beinhaltet ein Datensatz seine gewünschten Ausgaben (oder Bezeichnungen), sodass eine Funktion einen Fehler für eine bestimmte Vorhersage berechnen kann. Die Überwachung erfolgt, wenn eine Vorhersage gemacht und ein Fehler (tatsächlich vs. gewünscht) erzeugt wird, um die Funktion zu ändern und das Mapping zu lernen. Beim unbeaufsichtigten Lernen enthält der Datensatz keine gewünschte Ausgabe, sodass es keine Möglichkeit gibt, die Funktion zu überwachen. Stattdessen versucht die Funktion, den Datensatz in „Klassen" zu segmentieren, sodass jede Klasse einen Teil des Datensatzes mit gemeinsamen Merkmalen enthält. Beim Verstärkungslernen ver-sucht der Algorithmus, Aktionen für einen gegebenen Satz von Zuständen zu lernen, die zu einem Zielzustand führen. Ein Fehler wird nicht nach jedem Bei-spiel ausgegeben (wie beim überwachten Lernen), sondern beim Empfang eines Verstärkungssignals (z. B. Erreichen des Zielzustandes). Dieses Verhalten ist ähn-lich wie beim menschlichen Lernen, bei dem nicht unbedingt für alle Aktionen ein Feedback gegeben wird, sondern nur, wenn eine Belohnung gerechtfertigt ist.

Abgeleitet aus dem Technologie-Hype-Cycle würden die Punkte Generative Adversarial Networks (GANs), Explainable AI, Adaptive ML, Edge AI, AI PaaS und Machine Intelligence unter Künstliche Intelligenz als Oberbegriff zusammen-gefasst werden können. Daraus abgeleitet, ist das Maschinelle Lernen natürlich die entscheidende Technologie für die Preispolitik.

Referenzprozess der Preispolitik 3

Aufgrund der Komplexität und der zwingenden Abstimmung zwischen den einzelnen Perspektiven, Zielen und Bestandteilen des Preismanagements ist ein strukturierter und prozessorientierter Ablauf zielführend. So bezeichnet Herzog (2015, S. 16) den Prozess der Preispolitik („Pricing-Process") als „ein System von Regeln und Verfahren zur Festlegung und Durchsetzung von Preisen [...]", welches einem „[...] logisch-konsequenten Aufbau [...]" folgt. Basierend auf der Definition der Preispolitik ergibt sich daraus ein Prozess mit den folgenden Phasen: Preisstrategiebildung, Analyse, Preisbildung und Umsetzung (vgl. Abb. 3.1).

Die Einteilung orientiert sich an einem eher als generisch anzusehenden Problemlösungsprozess (im Sinne des PDCA-Zyklus/Demingkreises: „Plan, Do, Control, Act").

3.1 Preisstrategiebildung

In der Phase der Preisstrategiebildung erfolgen die Definition und Auswahl von zu verfolgendem Ziel und Strategien, die innerhalb und mithilfe des Preismanagements umgesetzt werden sollen.

3.1.1 Strategien in der Preispolitik

Die Strategieformulierung findet in einem ersten übergeordneten Schritt statt. Hierbei erfolgen die grundsätzliche Ableitung und das Alignment aus und mit der Gesamtunternehmensstrategie. Mit der Gesamtstrategie als Rahmenwerk werden

© Springer Fachmedien Wiesbaden GmbH, ein Teil von Springer Nature 2020
F. Weber, *Preispolitik im digitalen Zeitalter,* essentials,
https://doi.org/10.1007/978-3-658-30646-5_3

Abb. 3.1   Prozess der
Preispolitik

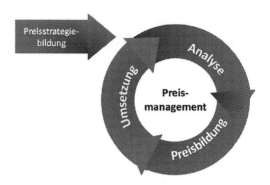

Wettbewerbsvorteil

Preis   *Leistung*

	Preis	**Leistung**
Breit	Generelle Preisführerschaft	Generelle Leistungs- differenzierung
Eng	Fokussierte Preisführerschaft	Fokussierte Leistungs- differenzierung

Zielmarkt

Abb. 3.2   Wettbewerbsstrategien nach Porter (1980)

mit der Preisstrategieformulierung die langfristigen Zielparameter, geplanten Ver-
haltensweisen, Positionierungsentscheidungen und ein übergeordnetes Regelwerk
für die nachfolgenden Prozessschritte erstellt.

Die Benennung von generischen Wettbewerbsstrategien erfolgt klassischer-
weise nach Porter (1980) (Abb. 3.2).

Daraus ergeben sich vier generische Strategien:

1. Die generelle Preisführerschaft (breiter Zielmarkt und Wettbewerbsvorteil durch den Preis), wie das Beispiel im Lebensmittelhandel von ALDI repräsentiert.

2. Die fokussierte Preisführerschaft (enger Zielmarkt und Wettbewerbsvorteil durch die Leistung), beispielsweise von Fachmärkten oder der Drogeriekette DM verfolgt.

3. Die generelle Leistungsdifferenzierung (breiter Zielmarkt und Wettbewerbsvorteil durch die Leistung), beispielsweise von gehobenen Warenhäusern verfolgt.

4. Die fokussierte Leistungsdifferenzierung (enger Zielmarkt und Wettbewerbsvorteil durch die Leistung), repräsentiert durch Spezialisten wie Douglas oder inhabergeführte Händler.

3.1.2 Veränderungen durch Digitalisierung und Künstliche Intelligenz

Gegenwärtig gibt es zwei grundlegende Strategien in der Preispolitik des Handels: EDLP („Every Day Low Prices" oder „Täglich niedrige Preise") und HiLo („High-Low-Prices" oder „Hoch-Tief-Preise"). Bei der EDLP-Strategie legt der Einzelhändler einen konstant niedrigen Preis ohne vorübergehende Rabatte fest. Diese konstanten Preise stehen im Gegensatz zur HiLo-Strategie der werbeorientierten Wettbewerber. Eine reine EDLP-Strategie impliziert, dass es nur niedrige Preise ohne zeitweilige Preisnachlässe gibt. Dieser Typ ist eher ein theoretisches Konstrukt und wird selten praktiziert. Stattdessen gibt es viele Mischformen: vertriebsketten-, filial- oder produktsortimentsweite EDLP-Implementierungen. Die verschiedenen Strategien können auf unterschiedliche Weise umgesetzt werden. Die Umsetzung der EDLP-Strategie ist analytisch und am einfachsten umzusetzen, da sie lediglich den preisaggressivsten Konkurrenten zur Modellierung oder Unterbietung heranzieht. Daher wird die Preisgestaltung als statisch betrachtet und kann mit einfachen heuristischen Regeln erfolgen. Die Umsetzung der HiLo-Strategie erfordert einen wesentlich komplexeren Entscheidungsprozess, ausgefeiltere Analyseverfahren und damit eine umfangreichere Informationsbasis. Die Umsetzung kann im Rahmen der Preisdifferenzierung über die Zeit erfolgen, die das primäre Verfahren für wöchentliche Werbekampagnen ist. Es ist aber auch möglich, die Preisänderungen räumlich durchzuführen und für verschiedene Lokalitäten unterschiedliche

Preise festzulegen (oder eine personalisierte Preisdifferenzierung). Eine hybride Strategie würde bedeuten, dass Teile des Sortiments nach der EDLP-Strategie und andere nach einer HiLo-Strategie bepreist werden. Für Bereiche, die eine reine EDLP-Strategie anwenden, wird ein einfacher heuristischer Ansatz verwendet, der nur die Wettbewerbspreise und die darauf basierenden einfachen Übernahmeregeln enthält. Für Gebiete mit HiLo-Strategien unterscheiden sich die Entscheidungsprozesse im Hinblick auf den Umfang der bei der Analyse zu berücksichtigenden Daten.

Gerade hier geben die Digitalisierung (mehr Datenquellen verfügbar) und auch die Künstliche Intelligenz (umfassendere Analysen und Machine-Learning-Modelle) Veränderungen vor. Für Unternehmen mit einer EDLP-Strategie wird sich dabei weniger ändern, denn die Heuristik zur Abbildung des niedrigsten Preises im Markt braucht wenig Rechenaufwand, maximal aktuelle Daten. Für HiLo-Anbieter ergeben sich aber ganz neue Möglichkeitsfelder und auch neue Konkurrenz dadurch, dass die Wettbewerber wahrscheinlich auch auf den Zug der Digitalisierung aufspringen werden. Es entsteht ein Wettbewerb um die besten und genauesten Algorithmen und die Integration der relevantesten Daten.

Aber auch im Bereich der übergreifenden Unternehmensstrategie entstehen durch neue Technologien neue Möglichkeiten. So ist KI im Grunde genommen eine sehr gute Vorhersagetechnologie. Je genauer, einfacher und vor allem billiger die Vorhersagen der KI werden, umso häufiger und umfassender werden sie eingesetzt.

Ein Gedankenexperiment soll im Folgenden einmal dazu dienen aufzuzeigen, wie sehr sich die Möglichkeiten verändern und auch bisher undenkbare Szenarien und damit Geschäftsmodelle möglich werden. Die meisten Menschen sind heute schon mit dem Einkaufen bei Amazon vertraut. Wie bei den meisten Online-Einzelhändlern besuchen die Kunden die Website, legen die Ware in ihren Warenkorb, bezahlen diese und werden dann von Amazon beliefert. Momentan kann also das Geschäftsmodell von Amazon als „Einkaufen-dann-Versenden"-Prinzip beschrieben werden.

Dabei wird den meisten Käufern der Empfehlungsbereich von Amazon aufgefallen sein. Dort erscheinen Vorschläge für Artikel, die zu dem gerade angesehenen Artikel passen. Diese wurden von einem Modell des Maschinellen Lernens ausgewählt. Gegenwärtig leistet Amazons KI angesichts der Millionen von angebotenen Artikeln eine akzeptable Arbeit. Die Genauigkeit liegt bei etwa 5 %. Mit anderen Worten: Die Kunden kaufen tatsächlich etwa einen von 20 empfohlenen Artikeln.

Nun zum Gedankenexperiment: Stellt man sich einmal vor, dass Amazon mehr Informationen über jeden einzelnen Kunden sammelt. Zusätzlich zum

bekannten Such- und Kaufverhalten auf der Website z. B. auch den Musik-
geschmack (Amazon Music), den Film- und Seriengeschmack (Prime Video), den
Spielegeschmack (Twitch) oder das Einkaufsverhalten bei Lebensmitteln (Whole
Foods). Zusätzlich wäre in dem Gedankenexperiment bekannt, was wir kaufen,
wann wir welchen Laden betreten haben, welche Produkte wir angesehen haben,
an welchem Ort wir einkaufen, wie wir bezahlen und vieles mehr. Nun wird eine
leistungsfähige KI verwendet, um diese Daten zu analysieren.

Wird die Vorhersage nämlich so genau, dass es für Amazon plötzlich profitabel
ist, den Kunden proaktiv und ungefragt die Waren zu liefern (wie von KI vor-
hersagt), anstatt darauf zu warten, dass die Kunden diese bestellen, so kann das
gesamte Geschäftsmodell angepasst werden.

▶ Es kann auch ziemlich genau gesagt werden, wann sich ein solcher
Wechsel zu einem „Versenden-dann-Einkaufen"-Modell lohnt: wenn
die „KI" so genau prognostizieren kann, dass die Kosten der zusätz-
lichen Sendungen und Rücksendungen (diese gibt es ja auch mit dem
heutigen Geschäftsmodell) geringer sind als der zusätzliche Roh-
ertrag.

Dieser Ansatz bietet Amazon zwei Vorteile. Erstens sorgt die Bequemlich-
keit dafür, dass es deutlich unwahrscheinlicher wird, dass die Artikel bei einem
konkurrierenden Einzelhändler gekauft werden – diese stehen ja schon bei
Kunden an der Haustür.

Zweitens werden die Kunden durch den prädiktiven Versand animiert, weitere
Artikel zu kaufen, deren Kauf sie schon in Erwägung gezogen haben, aber den
Kaufvorgang nicht gestartet haben. In beiden Fällen gewinnt Amazon einen
höheren Marktanteil.

Dies ist nur ein Beispiel, wie Digitalisierung und Künstliche Intelligenz die
dem Unternehmen zugrunde liegende Strategie umfassend verändern könnte.

3.2 Preisanalyse

Die meisten Entscheidungen im Preismanagement scheitern am Nichtvorhanden-
sein oder an der Missachtung von relevanten Daten und Informationen. Da diese
Sammlung, Aufbereitung und Zurverfügungstellung der relevanten Informationen
eine so fundamentale Bedeutung für den späteren Verlauf des Prozesses
hat, räumt Diller (2000, S. 415) der Analyse im Preismanagementprozess
eine besondere Stellung ein. Darüber hinaus weisen Gaubinger et al. (2010,

S. 205) darauf hin, dass aufgrund des dynamischen (Wettbewerbs-)umfelds die Informationserhebung und -analyse keine einmalige Aufgabe darstellt, sondern vielmehr eine kontinuierliche Aktivität.

3.2.1 Datenquellen und Datenbeschaffung

Freiling und Wölting (2003, S. 432) bezeichnen die Verfügbarkeit von relevanten Informationen im Preismanagement als die Grundvoraussetzung für die effektive Gestaltung. Es kann dabei grundsätzlich zwischen internen Informationen (über Produkte, Kunden, Kosten, Filialen) und externen Informationen (über die Marktstruktur, das Wettbewerbsumfeld oder die Zielgruppe und das Kundenverhalten) sowie primärstatistischen und sekundärstatistischen Informationen unterschiedenen werden (vgl. Hartmann 2006, S. 175 ff.; Freiling und Wölting 2003, S. 432; Diller 2000, S. 189 ff.), wobei die Integration der externen und internen Informationen eine der schwerwiegendsten Herausforderungen (vgl. Diller 2000, S. 425) ist. Eine Aufstellung der Informationsquellen sowie deren Verwendung kann Abb. 3.3 entnommen werden. Die Nutzung der primärstatistischen Informationsquellen hat zumeist den Vorteil, dass diese Daten schon vorliegen, da sie ursprünglich für einen anderen Zweck als das Preismanagement erhoben wurden. Dem entgegen müssen zur Erhebung von sekundärstatistischen Informationen eigene Prozesse aufgebaut oder als externe Leistung bezogenen werden.

Von besonderer Bedeutung sind dabei **Transaktionsdaten,** welche beispielsweise mit dem Einsatz von Scannerkassen oder in Online-Shops entstehen und jeden einzelnen Verkaufsvorgang festhalten. Der Vorteil von Transaktionsdaten gegenüber anderen Informationsquellen ist, dass jeder einzelne Verkauf eines Artikels einem bestimmten Einkaufsvorgang mit seinen Eigenschaften, wie Gesamtsumme, Zusammensetzung des Warenkorbs, mit genauem Transaktionsdatum und einer genau beschreibbaren Marketingsituation (Preis, Preis anderer Artikel, Platzierung, Bewerbung) zuzuordnen ist. Wenn Kundenkarten oder Bezahlkarten (Kreditkarten/EC-Karten) im Einsatz sind, könnten die Daten sogar kundenindividuell erhoben werden.

Allein aus den Transaktionsdaten lassen sich unter anderem folgende Informationen generieren:

- Verbundhäufigkeiten bestimmter Artikel
- Preis- und Kreuzpreiselastizitäten
- Carry-over-Effekte

		Quelle	Informationsangebot	Beispielhafte Aufbereitung
intern	sekundärstatistisch	Internes Rechnungswesen	Kosten, Absatz, Umsatz, Deckungsbeiträge, Cash-Flow, Kundenaufkommen, etc.	Kostenfunktionen, Preis-Absatzfunktionen, Erlösstatistik, etc.
		Außendienst	Aufträge und Auftragsvolumen, Endverbraucherpreise, Konkurrenzpreise und -konditionen, Handelsspannen, -beschwerden und -argumente etc.	Auftragsbilanz, „Konkurrenz-Report", „Handels-Report"
extern		Konkurrenz	Konkurrenzpreise, Produkt- und Preisdifferenzen	Preisspiegel, hedonische Preisfunktionen
		Amtliche Statistiken	Preisentwicklungen, Marktvolumina, Verbraucherstrukturen, Preisvergleiche	Preisprognosen, Marktanteile, Marktstrukturanalysen, Preisspiegel
		Handel	Endverbraucherpreise, Absatzmengen, Konkurrenzpreise, Handelsspannen, Absatzverlauf in Abhängigkeit von Marketingaktivitäten	Statische und dynamische Preisreaktionsfunktionen, Deckungsbeitragsanalysen, Marktanteile
		Zeitschriftenverlage / Wissenschaftliche Institute	Einstellungsanalysen, Marktberichte, Makroökonomische Einschätzungen	Preisbezogene Segmentationsstudien, Marktmonitor-Systeme
	primärstatistisch	Einzelhandelspanel, Scannerpanel	Endverbraucherpreise, Absatzmengen, Konkurrenzpreise, Handelsspannen, Distributionsquoten, Marktanteile, Absatzverkauf in Abhängigkeit von Marketing-Aktivitäten	Statische und dynamische Preisreaktionsfunktionen, Nachfragefunktionen, Preisspiegel, Segmentationsstudien, Marktmodelle, Preistests, Gain-and-Loss-Analysen
		Haushaltspanel	Endverbraucherpreise, Sonderangebotsläufe, Marktanteile, Markentreue	
		Spezialinstitute	Sonderangebotspolitik, Dauerniedrigpreisprogramme	Aktionspreisspiegel, Preisprognosen
		Eigene Befragungen, Transaktionsdaten	Markt- und Preistests, Preisbereitschaftstest, Präferenzstudien, Zufriedenheitsstudien, Analyse des Einkaufs- und Preisverhaltens, Preiswissen	Preisabsatzfunktion, Positionierungsmodelle, Segmentationsstudien, Faktoranalysen, Conjoint Measurement, Preisverhaltensmodelle

Abb. 3.3   Übersicht über mögliche Informationsquellen

- Deckungsbeiträge bestimmter Sonderpreisaktionen (Verbunderlösanalysen)
- Interaktionseffekte von Standort, Preisauszeichnung, Sortimentseinbindung und Präsentationsfläche auf den Absatz bestimmter Artikel
- Warenkörbe
- Verhalten individueller Kunden und Kundentypen

3.2.2 Analysen im Rahmen der Preispolitik

Da durch die reine Erhebung der erforderlichen Daten diese nicht direkt für das Preismanagement geeignet sind, müssen sie aufbereitet und ausgewertet werden. Im Folgenden wird beispielhaft aufgezeigt, wie die Analysen der zuvor beschriebenen und weiterer, für die Preisbildung im folgenden Prozessschritt benötigten, Konstrukte durchgeführt werden können.

- **Die Preisabsatzfunktion:** Im einfachsten theoretischen Modell, dem Monopolfall, entspricht die Preisabsatzfunktion einer Geraden. Da die wenigsten Produkte in der Realität so einen einfachen Zusammenhang zwischen Preis und Absatz aufweisen, müssen diese Daten erst ermittelt werden. Dies kann durch Preisexperimente und durch die Auswertung von Daten aus Abverkäufen erfolgen. Eine reine Auswertung der Daten der Scannerkassen ist dabei meistens nicht allein zielführend, da es unwahrschein-lich ist, „eine für statistische Schätzverfahren hinreichende Variation der Variablen in der Realität anzutreffen" (Kaas 1977, S. 15). Basierend auf den historischen Abverkaufsdaten, die um Preisexperimente angereichert wurden, wird dann mithilfe von statistischen Verfahren, beispielsweise der Regressionsanalyse, eine Preisabsatzfunktion bestimmt.
- **Wettbewerbsreaktionen:** Neben der direkten Reaktion auf Preisänderungen des Preises P_i beim Wettbewerber W_i zum Zeitpunkt t_n und zum Zeitpunkt t_{n+1} nach einer Änderung des eigenen Preises P_i ist eine allgemeinere Analyse die der **Preissynchronisation** innerhalb eines Marktes oder einer beliebigen Eingrenzung auf Warengruppen oder einzelne Produkte. Wobei die Preis-synchronisation nach Sheshinski und Weiss (1992, S. 332) die zeitlich simultane Änderung von Preisen durch mehrere Marktteilnehmer beschreibt. Zur Messung der Preissynchronisation hat sich der χ^2- Homogenitätstest zur Ermittlung des FK-Indexes nach Fisher und Konieczny (2000) in der empirischen Forschung (vgl. Hoffmann und Loy 2010, S. 228; Hoffmann 2012, S. 39) als praktisch erwiesen.

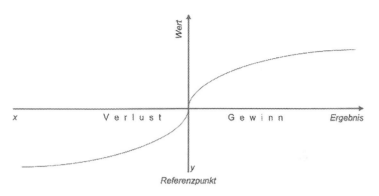

Abb. 3.4 Wertfunktion der Prospekt-Theorie

- **Preisbereitschaft:** Sie kann sowohl auf individueller Ebene als auch auf aggregierter Ebene bestimmt werden. Die Messung auf Ebene einzelner Individuen erfolgt durch die direkte Befragung der Konsumenten, durch Auktionsverfahren oder die Methode der Conjoint-Analyse. Auf aggregierter Ebene schlägt Balderjahn (2003, S. 391) die Bestimmung der Preisbereitschaft durch die Analyse von Marktdaten, ökonometrische Analyse oder durch diskrete Entscheidungsanalyse vor und weist ausdrücklich auf die geringe Validität von Expertenbefragungen zur Bestimmung der Preisbereitschaft hin, die ansonsten als dritte Option genutzt werden können.
- **Prospekttheorie:** Sie beschreibt die Art und Weise, wie Individuen zwischen Alternativen wählen, die ein Risiko beinhalten. Die Theorie besagt, dass Entscheidungen auf der Grundlage des potenziellen Gewinns oder Verlustes getroffen werden. Die Gewinne und Verluste werden dabei heuristisch bestimmt. Übertragen auf den Preis können positive Abweichungen vom Referenzpreis als Gewinne und negative Abweichungen als Verluste beschrieben werden (Simon und Faßnacht 2009, S. 155 ff.). Der Referenzpreis ist dabei definiert als der Schnittpunkt der X- und Y-Achse. Ein Preis, der exakt dem Referenzpreis entspricht, bedeutet weder Gewinn noch Verlust. Dieser ist dabei aber nicht statisch, sondern wird über die Zeit aus unterschiedlichen Preiswahrnehmungen gebildet (Abb. 3.4). Der S-förmige Verlauf der Wertfunktion verdeutlicht dabei einen sinkenden Grenznutzen und sinkenden Grenzverlust, wobei die Verlustaversion deutlich schneller steigt als eine Gewinnpräferenz (vgl. die deutlich steilere Kurve im Bereich der Verluste).

- **Referenzpreise:** Hier wird der Preis in Relation zu einer Ankergröße, dem Referenzpreis, gesetzt. Einer der ersten Hinweise auf den Einfluss von Referenzpreise auf die Preisreaktion stammt von Uhl und Brown (1971), welche feststellen, dass die Reaktion auf einen Preis von der Aussetzung und Wahrnehmung von Preisveränderungen abhängig ist und dies Auslöser für ein verändertes Kaufverhalten ist. Daraus entwickelte Monroe (1973) den Ansatz zur Erklärung von Preisreaktionen auf die relative Preisbeurteilung. Der Referenzpreis wird dabei mit dem beobachteten Preis abgeglichen. Liegt der beobachtete Preis unter dem Referenzpreis, wird dies positiv gewertet und die Kaufwahrscheinlichkeit steigt. Hierbei kann zwischen einem internen und einem externen Referenzpreis unterschieden werden.

  - Dabei bildet sich der **externe Referenzpreis** durch bestimmte Kaufsituationen auf Basis der beobachtbaren Preise in der jeweiligen Kaufumgebung.[1] Dies können sowohl Preisempfehlungen, wie beispielsweise eine Referenz auf den alten Preis am Regal oder Produkt, sein, Werbung innerhalb der Einkaufsstätte oder aber auch Preise anderer Produkte in der Kategorie oder dem Umfeld.

  - Während externe Referenzpreise nicht im Gedächtnis gespeichert sind, handelt es sich bei **internen Referenzpreisen** „um im Gedächtnis gespeicherte Preiskonzepte, die auf wahrgenommenen Preisen vergangener Kauferfahrungen" (Homburg und Koschate 2005, S. 394) beruhen. In der Literatur findet sich eine Reihe unterschiedlicher Quellen für die Bildung von Referenzpreisen, wie unter anderem die Markenkenntnis, der zuletzt für ein Produkt bezahlte Preis, der durchschnittliche Preis für ähnliche Produkte oder ein durch Werbeaktionen bekanntgemachter Preis. Die Konzeptualisierungen des Referenzpreises kann dabei unterschiedlich vorgenommen werden: eindimensional, mehrdimensional, als Punktgröße, als Bereich zwischen der Preisuntergrenze und der Preisbereitschaft, als Obergrenze oder als Punktgröße mit umgebendem Bereich.

Verschiedene Studien zeigen, dass mehrere verschiedene Referenzpreise, interne und externe, simultan zur Preisbewertung herangezogen und verknüpft werden. Aus diesen verschiedenen Inputs bildet sich dann ein subjektiver Mittelwert des Konsumenten, welcher etwa dem geometrischen Mittelwert entspricht. Es kann dabei eine Wertung zwischen internem gegen-

---

[1]Bell und Lattin (2000) bezeichnen dies beispielsweise als „sticker shock effect"; Rajendran und Tellis (1994) als „temporal and contexual referenz price comparisons".

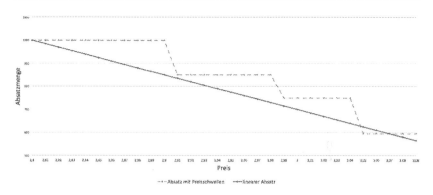

Abb. 3.5 Relative Preisschwellen im Vergleich zu einer linearen Preisabsatzfunktion

über externem Referenzpreis beobachtet werden, mit dem Ergebnis, dass die internen Referenzpreise stärker gewichtet werden.

- **Preisschwellen:** Als Schwelleneffekt (siehe Abb. 3.5) wird das Phänomen bezeichnet, dass die Wirkung einer Veränderung des Preises erst mit dem Über- oder Unterschreiten einer bestimmten Grenze deutlich ansteigt oder abnimmt. Zwischen diesen Grenzen bleibt die Auswirkung konstant oder ändert sich proportional zur Preishöhe. Dabei können Preisschwelleneffekte sowohl bei der Beurteilung des Preises als auch der Absatzmenge beobachtet werden, wie in der doppelt-geknickten Preisabsatzfunktion von Gutenberg zu sehen ist. Eine Unterscheidung kann in absolute und relative Preisschwellen erfolgen, wobei absolute Preisschwellen die Ober- und Untergrenze des Akzeptanzbereiches eines Individuums darstellen. Außerhalb dieses Bereiches wird das Produkt nicht gekauft. Der Akzeptanzbereich, innerhalb dessen der Preis grundsätzlich akzeptiert wird, bezeichnet man als die akzeptierte Preisspannweite. Dies wurde in verschiedenen Studien belegt. Innerhalb dieser akzeptierten Preisspannweite sich sprunghaft ändernde Auswirkungen werden als relative Preisschwellen bezeichnet.

Ein Beispiel für die Messung von Preisschwellen mit SCAN*PRO zeigt dabei Nielsen-LP-Service (1992) auf. Dabei werden zunächst die „Normal-Marktanteile", also nach Bereinigung von Werbeeffekten der Marke und möglicher Konkurrenzmarken, vor und nach einer Preisänderung berechnet. Es wird eine Selektion auf verschiedene Preislagen der Marke im Sortiment durchgeführt und der „durchschnittliche Sortimentsanteil der Marke X an der jeweils geführten Breite des Gesamtsortiments der Warengruppe" bestimmt.

Danach erfolgt ein „Vergleich der Normal-Marktanteile, der Absatzverteilung sowie der Sortimentsanteile nach Preislagen vor und nach der Preisanhebung" (Nielsen-LP-Service 1992, S. 2).

- **Preiswissen:** Müller-Hagedorn und Wierich (2005, S. 1) weisen nicht nur auf die mangelnde theoretische Durchdringung des Preiswissens hin, sondern auch auf die vielfach existierenden Synonyme, die dem Konzept des Preiswissens anhängig sind: Neben den im Englischsprachigen geläufigen Begriffen „price knowledge" und „price awareness" sind im deutschsprachigen Raum die Begriffe „Preiswissen" und „Preiskenntnis" als Synonyme zu sehen.

Der Begriff Preiswissen umfasst dabei nicht nur die Speicherung von exakten und zahlenmäßigen Informationen, sondern ist ein weniger genaues und skaliertes (rang- oder nominalskaliertes) Wissen über alle relevanten Umstände aus der Realität des Verbrauchers (vgl. Abb. 3.6). Dabei lehnt sich diese Definition als Grundlage an die Gedächtnisforschung an, welche von einer Trennung zwischen expliziten und impliziten Erinnerungen ausgeht. Die explizite Erinnerung an ein Ereignis wird durch eine bewusste Erinnerung dieses charakterisiert. Eine erfolgreiche explizite Erinnerung wird durch die Fähigkeit des Befragten gekennzeichnet, Informationen innerhalb des Kontexts dieses Ereignisses abzurufen. Umgekehrt beinhalten die impliziten

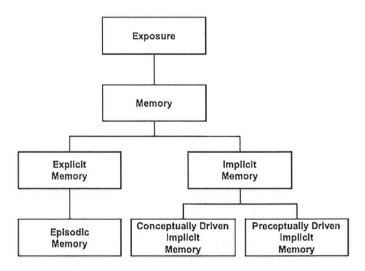

Abb. 3.6 Framework explizite und implizite Erinnerungen

Erinnerungen keine bewusste Erinnerung an das Ereignis, und es kann zum Zeitpunkt des Abrufs kein Bezug zum ursprünglichen Ereignis hergestellt werden.

Als eine Kennzahl zur Messung der Genauigkeit des Preiswissens schlagen Eberhardt et al. (2013, S. 35 ff.) dabei die Ermittlung eines Preiserinnerungsfehlers (PEE)[2] vor.

$$PEE = \frac{\text{tatsächlicher Preis} - \text{geschätzter Normalpreis}}{\text{tatsächlicher Preis}}$$

Dabei wird der geschätzte Preis (Preiswissen) ins Verhältnis zum tatsächlichen Preis gesetzt. Je kleiner der Wert wird, umso höher ist die Genauigkeit des Preiswissens der befragten Verbraucher.

3.2.3 Digitalisierungsdiskussion im Rahmen der Analysephase

Mit der Digitalisierung hat sich vor allem der Möglichkeitsraum für preispolitische Handlungen enorm erweitert. Dies gilt für die Möglichkeiten von dynamischer und sogar individueller Preissetzung, was in der Vergangenheit an der technischen Umsetzung gescheitert ist, aber auch für die neu zu berücksichtigenden Einflussfaktoren. So hatten Kunden im stationären Einzelhandel stets ein Informationsdefizit gegenüber dem Händler, was die Preise angeht. Dies hat sich heutzutage geändert: durch die Nutzung von mobilen Apps ist es jedem Kunden zu jeder Zeit möglich, einen Preisvergleich zu machen – auch und vor allem dann, wenn er gerade im Laden steht.

Auf der anderen Seite haben die stationären Händler sich kaum angepasst und in den allermeisten Fällen stehen diese nun bei der Informationsasymmetrie auf der Verliererseite. Die Kunden können ohne Probleme die Preise der Konkurrenz, vor allem die aus dem E-Commerce, abfragen und vergleichen, wohingegen die Händler diese Möglichkeit nicht technologisch in ihren Systemen abgebildet haben und weiterhin nicht dynamisch agieren können. Der Versuch von stationären Händlern, diese Nachteile auszugleichen, führt dann zu so

---

[2]Analog wird der Percent Absolute Deviation (PAD), als absoluter Wert des PEE, aufgezeigt, da es beim PAD nicht zu kompensatorischen Effekten kommen kann.

absurden Ideen, wie eine Beratungsgebühr mit dem Betreten des Geschäfts zu erheben. Dies führt dann aber regelmäßig dazu, dass sich die Situation nur noch verschlechtert. Im Rahmen von Big Data sind nun aber umfassende Daten zum Markt, Wettbewerbern, Kunden und Produkten vorhanden und nutzbar. Big Data erfordert dabei einen revolutionären Fortschritt gegenüber der traditionellen Datenanalyse und zeichnet sich durch drei Hauptkomponenten aus: Vielfalt (Variety), Geschwindigkeit (Velocity) und Volumen (Volume).

3.3 Preisbildungsphase

Die Preisbildung (auch Preisoptimierung oder Preisfestsetzung) bezeichnet den operativen Prozess, basierend aus den in den vorhergehenden Prozessphasen festgesetzten Strategien, Zielen und Informationen, einen konkreten Preis für ein konkretes Produkt, eine Dienstleistung oder ein Produktbündel zu generieren. Die theoretischen Grundlagen für die Preisbildung (Preistheorien) lassen sich grob in markt-/wettbewerbsorientierte und verhaltensbasierte Verfahren und Theorien unterteilen, mithilfe derer ein optimaler Preis (Preisoptimierung) ermittelt werden kann. Eine reine Preisfestsetzung ist auch nur durch Kalkulationsverfahren möglich.

3.3.1 Preisdifferenzierung

Diller (2000, S. 286) definiert den Begriff Preisdifferenzierung (synonym auch „Preisdiskriminierung") als den Verkauf von „[…] Gütern gleicher oder sehr ähnlicher Art nebeneinander an verschiedene Kunden(-gruppen) zu unterschiedlichen Preisen [...]". Die Literatur kennt drei Arten von Preisdifferenzierung (vgl. Diller 2000, S. 288; Schröder 2002, S. 114). Es kann dabei zwischen einer Preisdiskriminierung ersten, zweiten und dritten Grades unterschieden werden:

- Die **Preisdifferenzierung ersten Grades** ist eine Preisindividualisierung, mit der auf Basis einzelner Kunden ein individueller Preis ermittelt werden soll, der der maximalen Preisbereitschaft des Kunden entspricht. Dies kann beispielsweise durch persönliche Preisverhandlungen oder Auktionen geschehen.
- Bei einer **Preisdifferenzierung zweiten Grades** „bietet der Anbieter seine Leistung so differenziert an, dass verschiedene Kundensegmente zu unterschiedlichen Preisen kaufen, obwohl es den Kunden grundsätzlich freisteht, zu

Preisdifferenzierung (PD)							
PD ersten Grades		PD zweiten Grades			PD dritten Grades		
Preisindividualisierung	Leistungs-bezogene PD	Mengen-mäßige PD	Preis-bündelung	Personelle PD	Räumliche PD	Zeitliche PD
Preisver-handlungen	z. B. Versteiger-ungen	Liefer- vs. Abholpreise, Sitzplatz-kategorien	z. B. Mengen-rabatte, Boni, Mehrstufige Tarife, Pauschal-preise	z. B. Set-Preis, Pauschal-reisen, Zubehör-pakete	z. B. Studenten-, Beamten- oder Senioren-tarife	z. B. International e PD, Bahnhofs-preise	z. B. Wochenend-fahrpreise, Nachttarife

Abb. 3.7 Preisdifferenzierungsübersicht

welchem Preis sie das Produkt erwerben" (Diller 2000, S. 287) können. Eine Untergliederung kann in eine leistungsbezogene Preisdifferenzierung (Liefer-, Abholpreise), eine mengenmäßige Preisdifferenzierung (Mengenrabatt) und eine Preisbündelung („2 zum Preis von 1") erfolgen.

• Eine **Preisdifferenzierung dritten Grades** lässt dagegen dem Kunden nicht die freie Wahl im Vergleich zur Preisdifferenzierung ersten oder zweiten Grades, sondern der Anbieter alleine setzt die Preissegmente oder -gruppen fest. Sie kann als personelle Preisdifferenzierung (Kundengruppe oder individueller Kunde – aber ohne Verhandlung wie im ersten Grad), als räumliche Preisdifferenzierung (nach geografischer Lage wie dem Standort der Filiale) oder auch als zeitliche Preisdifferenzierung (hier wäre das „klassische Angebot" für eine Woche zu nennen) erfolgen (Abb. 3.7).

3.3.2 Veränderungen durch Digitalisierung und Künstliche Intelligenz

Dynamic Pricing oder dynamische Preisdifferenzierung ist eine Form der variablen Preisfestsetzung anstelle der bisher üblicheren festen Preisfestsetzung. Wenn mehr Daten analysiert werden, werden die optimalen Preise für Waren oder Dienstleistungen neu berechnet. Die Zeit zwischen den Preisänderungen hängt vom Geschäft und vom Artikel ab, kann aber jederzeit erfolgen. Eine spezielle Form des Dynamic Pricings ist das Individual Pricing, das eine Preissetzung pro Kunde ermöglicht. Anstatt die Preise nur von Angebot, Nachfrage und Standort abhängig zu machen (was eine große Veränderung zur ursprünglichen Preissetzung ist), stützt sich die dynamische Preisgestaltung auf fortschrittliche Analysen des Produkts, dessen Lebenszyklus und – was noch wichtiger ist – der Kunden.

Während die Wurzeln dieses Konzepts Jahrzehnte zurückreichen, ist die dynamische Preisgestaltung dank digitaler Technologie jetzt erst umsetzungs-fähig. Anstatt die Preisgestaltung für Zehntausende von Artikeln (einschließlich des Austausches der Preisetiketten am Regal) physisch zu ändern, kann die dynamische Preisgestaltung in Echtzeit umgesetzt werden (siehe Abschn. 3.4).

▶ Der zunehmende Einsatz fortschrittlicher Analyseverfahren, einschließlich Künstlicher Intelligenz und maschineller Lernver-fahren, bietet Unternehmen die Möglichkeit, personalisierte Echt-zeitangebote zu entwickeln, die den unmittelbaren Bedürfnissen der Verbraucher mit optimal angepassten Nachrichten, Angeboten und Preisen entsprechen.

Zu den Vorteilen einer dynamischen Preissetzung gehören:

- **Unmittelbarkeit:** Die Verwendung von Echtzeitdaten ermöglicht es einem Unternehmen, das Gleichgewicht zwischen Umsatzprognosen und Gewinn-spannen zu verbessern. Durch den Einsatz digitaler Kanäle können die Aus-wirkungen verschiedener Preismodelle sofort gemessen werden, sodass Anpassungen möglich sind.
- **Wettbewerbsfähigkeit:** Es können nun fortschrittliche Analysemethoden angewandt werden, um die erforderlichen Änderungen der Preisgestaltung als Reaktion auf Änderungen durch Wettbewerber sofort vorzunehmen. Das ist genau das, was Amazon jeden Tag 2,5 Mio. Mal durchführt.
- **Verbesserte Cross-Selling und Konversionsraten:** Ein besserer Einblick in die Kunden- und Mitgliederdaten kann Unternehmen dabei helfen zu ver-stehen, wie jemand in der Vergangenheit reagiert hat, und ermöglicht eine auf den Kunden und dessen Situation angepasste individuelle Preissetzung.
- **Flexibilität bei der Preisgestaltung:** Eine dynamische Preisgestaltung kombiniert mit digitaler Lieferung bietet die Flexibilität, jedem Haushalt einen entsprechenden individuellen Preis anzubieten.
- **Verbessertes Verständnis von Trends:** Die dynamische Preisgestaltung ermöglicht es einem Unternehmen, spezifische Dienstleistungen auf der Grundlage lokaler Markttrends aggressiv zu bepreisen.

3.4 Preisdurchsetzung

Im Preismanagement endet der Prozess nicht mit der Bestimmung des (optimalen) Preises, sondern muss auch die Umsetzung des als optimal angesehenen Preises umfassen. Die Preisdurchsetzung lässt sich dabei in marktgerichtete und unternehmensinterne Aktivitäten unterteilen.

3.4.1 Marktgerichtete Aktivitäten

Marktgerichtete Aktivitäten zielen darauf ab, den festgesetzten Preis beim Kunden bekannt zu machen und das Marktreaktionsrisiko zu verringern, indem die Vorteilhaftigkeit des Preises dargestellt wird. Nach Diller (2000, S. 398 ff.) umfassen die marktgerichteten Aktivitäten der Preisdurchsetzung die Preiswerbung, Preisvereinbarung und die mehrstufige Preisdurchsetzung, dazu zählen:

- **Preisauszeichnung:** Alle schriftlichen Bekanntmachungen am Produkt selbst, Verkaufsort, Regal, Preislisten, Kataloge und sonstige Werbemittel. Die Auszeichnungen können dabei neben der Werbefunktion auch eine Servicefunktion haben, wenn dadurch eine mögliche Preisintransparenz vermieden wird.
- **Preisoptik:** Die sprachliche Etikettierung „Sonderangebot", grafische Aufmachung und Präsentation des Preises oder die gesonderte Platzierung des Produktes fallen hierunter.
- **Preisargumentation:** Diese muss besonders beachtet werden, wenn der Preis durch individuelle Verhandlungen mit dem Kunden entsteht. Hier muss eine Balance zwischen vorgegebenen Argumentationsmustern und der Möglichkeit der Vertriebsmitarbeiter auf die kundenindividuelle Situation einzugehen, gefunden werden. Daher ist dieser Aspekt im LEH vernachlässigbar (da dort Preise nicht individuell ausgehandelt werden), sollte aber beispielsweise bei der Bewerbung (Promotion) beachtet werden.

3.4.2 Unternehmensinterne Aktivitäten

Unternehmensinterne Regelungen sollen dafür sorgen, dass die Entscheidungen der Preisbildung auch durchgeführt werden.

Aufbauorganisatorische Entscheidungen legen den Stellenwert des Preismanagements an sich innerhalb des Unternehmens fest und beinhalten die Zuweisung von Aufgaben und Kompetenzen an einzelne Stellen und Abteilungen innerhalb der Organisation. Dabei scheint die Aufteilung auf viele unterschiedliche Stellen, wie es bisher praktiziert wird, aufgrund von zentralisierten Informationssystemen und der Notwendigkeit einheitlicher Preisstrategien und Kommunikation nicht sinnvoll, und eine Zentralisierung dieser Aufgaben ist zielführender. Jedoch ist bei jeder Neuorganisation der Aufgabenzuständigkeiten der Widerstand innerhalb der Organisation zu beachten, denn meistens bedeutet dies einen Machtverlust für die einzelnen Verkäufer oder Einkäufer.

Das **preisstrategische Bewusstsein** umfasst die Verinnerlichung der strategischen Bedeutung der Preispolitik für den gesamten Unternehmenserfolg und damit einhergehend eine Professionalisierung, weg von einer Preisbildung nach Bauchgefühl, hin zu einem professionellen Preismanagement.

Unter **Preisintelligenz** werden das Wissen über relevante Zusammenhänge innerhalb des Preismanagements und die Befähigung Methoden, das Preismanagement anzuwenden, verstanden.

3.4.3 Veränderungen durch Digitalisierung und Künstliche Intelligenz

Neben der zunehmenden Akzeptanz für dynamische Preissetzung der Verbraucher, die mit der Nutzung der großen Onlinehändler auf sich stetig ändernde Preise konditioniert werden, gibt es weitere technologische Entwicklungen, die bei der Durchsetzung der Preispolitik relevant sind. Allen voran sind dies elektronische Regaletiketten (ESL).

Bei Käufern hinterlassen elektronische Regaletiketten einen modernen und hochtechnologischen Eindruck, wenn diese dazu genutzt werden, Artikelpreise an den Regalen eines Lebensmittelhändlers anzuzeigen. Für den Einzelhändler selbst stellen diese kleinen Gadgets eine Möglichkeit dar, Kosten und Ineffizienz zu reduzieren, indem sie die Arbeits- und Materialkosten senken.

Vor Jahrzehnten hörten die meisten Händler auf, Preisauszeichnungspistolen zu benutzen, um Preisschilder an jedem einzelnen Artikel anzubringen, und nutzen stattdessen ein einziges Schild am Regal. Dies war ein großer Produktivitätsgewinn für die Händler. Da die Produkte nun vom Hersteller aus einen UPC/EAN-Barcodes der Produkte enthielten, entfiel ein Großteil der manuellen Arbeit. Digital-Signage-Technologie und ESL sind eine der nächsten großen Weiterentwicklungen.

Softwarelösungen für die Preispolitik 4

4.1 Kategorien von Softwarelösungen

4.1.1 Preismonitoring

Das Ziel von Preismonitoringsoftwarelösungen ist es, einen umfassenden Überblick und Detailinformationen über Marktpreise zu erhalten. Für Händler stehen dabei Wettbewerbspreise im Fokus, um eine Einschätzung der eigenen Positionierung im Markt zu erhalten und auch eine Datengrundlage für eine Preisveränderung zu haben. Für Hersteller, Groß- und Zwischenhändler gilt es, einen Marktüberblick über die eigenen Produkte zu erhalten oder aber die Preise von Vorprodukten oder Rohstoffen zu überwachen.

Dabei kann das Preismonitoring die Datengrundlage für ein automatisiertes Repricing (Abschn. 4.1.2) oder eine Preisoptimierung (Abschn. 4.1.3) sein, aber auch losgelöst genutzt werden, um den Informationsbedarf im Unternehmen zu decken. Dabei bieten sich folgende Möglichkeiten an, die Daten aus dem Preismonitoring zu nutzen:

- **Produkt- und Rohstoffüberwachung:** Überwachung oder Überprüfung des Preises eines Produkts, einer Dienstleistung oder einer Ware in einem Zielgebiet oder an mehreren Standorten.
- **Mitbewerberpreisverfolgung:** Überwachung der Preise der Waren oder Dienstleistungen der Konkurrenten in ausgewählten Einzelhandelsgeschäften oder Regionen.
- **Preisüberprüfung:** Für Hersteller oder Großhändler ist es wichtig, dass die Preise der eigenen Marken und Produkte bei Einzelhändlern auf der ganzen Welt korrekt sind, einschließlich durchgeführte Werbemaßnahmen.

© Springer Fachmedien Wiesbaden GmbH, ein Teil von Springer Nature 2020
F. Weber, *Preispolitik im digitalen Zeitalter,* essentials,
https://doi.org/10.1007/978-3-658-30646-5_4

- **Benchmarks:** Vergleich und Abgleich der eigenen Einordnung im Gesamtmarkt.
- **Überwachung der Inflation:** Überwachung von Vorprodukten oder Rohstoffen auf Anzeichen von Inflation, Inflation innerhalb bestimmter Regionen oder Veränderungen in Rohstoffmärkten.
- **Preisindizes:** Zur Messung von Preisänderungen über einen bestimmten Zeitraum und Erkennung von langfristigen Veränderungen im Markt.

4.1.2 Automatisierte Preissetzung und Repricing

Im Handel ist eine Repricingsoftware eine Lösung zur automatischen Neuberechnung der Preise aller verkauften Artikel in Abhängigkeit von den Marktbedingungen. Repricingsoftware ist in der Regel stark auf externe Daten angewiesen, da die Preise der Konkurrenz die Grundlage für die Prozesse bilden. Das Wort Repricing betont, dass die Preise des Händlers viel häufiger aktualisiert werden, als dies normalerweise der Fall ist, wenn nur ein manueller Preisfindungsprozess stattfindet. Tatsächlich kümmern sich viele Repricer nicht nur um die Neuberechnung der Preise, sondern auch um die Neuveröffentlichung der Preise auf mehreren Kanälen (eigener Webshop, Amazon, Rakuten oder Ebay). Der erwartete Nutzen besteht darin, Einzelhandelspreise anzubieten, die viel stärker und aktueller an die Marktbedingungen angepasst sind, und gleichzeitig den Personalaufwand zu verringern, der erforderlich ist, um die Konkurrenz ständig im Auge zu behalten. Dabei können die Softwareangebote anhand von zwei Merkmalen gruppiert werden: regelbasiert oder programmatisch und wettbewerbsabhängig oder ganzheitlich.

- **Regelbasiert oder programmatisch:** Eine regelbasierte Preissetzung fokussiert auf einfache Strategien, die meistens aus vorgefertigten Vorlagen aufgebaut sind. Der Händler kann die anzuwendenden Regeln auswählen, indem er einen Satz von Regeln aus einer Regelbibliothek nutzt. Der Hauptvorteil dieses Ansatzes ist seine Einfachheit. Er ist aber auf einfache Strategien, die in erster Linie nur einige wenige Eingabevariablen berücksichtigen, wie z. B. die Preise des preisgünstigsten Konkurrenten, ausgelegt. Bei einer programmatischen Preissetzung liegt der Schwerpunkt typischerweise auf einer Skript- oder Programmiersprache, um beliebig komplexe Preisstrategien auszudrücken. Dieser Ansatz gibt den Händlern viel mehr Freiheit das eigene Know-how abzubilden. Im Gegensatz zu einem regelbasierten Ansatz erfordert ein programmatischer Ansatz jedoch im Vorfeld Anstrengungen, um die entsprechende Technologie zu beherrschen.

- **Wettbewerbsabhängig oder ganzheitlich:** Eine reine Wettbewerbsstrategie ist eine Preisstrategie, die sich bei der Berechnung der revidierten Preise quasi ausschließlich auf Wettbewerbspreise konzentriert. Diese Art der Preisstrategie findet sich vor allem im E-Commerce. Die Logik braucht kaum Daten, da sie nicht einmal die Verkaufshistorie des Händlers berücksichtigt, sondern nur die Preise der Wettbewerber. Im Gegensatz dazu versucht ein ganzheitlicher Ansatz, alle relevanten Datenquellen, die nicht auf die Preise der Wettbewerber beschränkt sind, für die Festlegung der neuen Preise zu nutzen: Verkaufshistorie, Loyalitätsdaten, Lagerbestand, Web-Traffic oder Konversionsraten. In der Praxis können ganzheitliche Ansätze das Verhalten eines menschlichen Marketingexperten gut abbilden, jedoch sind der Aufwand und die Kosten enorm, da mehrere Datenquellen benötigt werden und ein komplexes Berechnungsmodell aufgestellt werden muss.

4.1.3 Preisoptimierung

Softwaresysteme zur Preisoptimierung bestimmen den Verkaufspreis, die Absatzmenge und den Zeitpunkt für Preisänderungen von Artikeln, um definierte Ziele für Händler zu optimieren. Dabei werden meistens komplexe Algorithmen auf Transaktions- und Stammdaten angewendet, um die Nachfrage auf der Ebene einzelner Segmente – dies können Kategorien oder einzelne Lagerhaltungseinheiten (SKUs) sein – zu modellieren, um anschließend eine Optimierung unter den gegebenen Restriktionen durchzuführen. Dabei gilt es, Bestands- und Verkaufsdaten so zu modellieren, dass diese Modelle zukünftige Angebots- und Nachfragemuster auf Artikel- und Geschäftsebene vorhersagen können. Die Softwaresysteme zur Preisoptimierung variieren sowohl in Größe als auch Schwerpunkt. Die Anwendungen können entweder als einzelne Module für bestimmte Prozesse oder als komplette „Suite" implementiert werden.

▶ **Softwaresysteme zur Preisoptimierung** bestimmen den richtigen Verkaufspreis, die richtige Absatzmenge und den Zeitpunkt für Preisänderungen von Artikeln, um definierte Ziele für Händler zu optimieren. Dies ist in den meisten Fällen eine Maximierung des Ertrags über das gesamte Sortiment.

Dabei können die Softwarelösungen nach Einsatzmöglichkeit im Artikellebenszyklus und dem Umfang der berücksichtigten Parameter unterschieden werden.
Die Einsatzmöglichkeiten im Artikellebenszyklus unterscheiden sich wie folgt:

- Initialpreisoptimierung
- Normalpreisoptimierung

- Promotionpreisoptimierung
- Markdownpreisoptimierung

Dabei nutzen die Systeme unterschiedliche Eingabeparameter und Daten:

- **Strategie:** Findet eine Berücksichtigung der Gesamtstrategie, Strategie für einzelne Betriebsformen, Strategie auf Warengruppen- oder Produktebene statt?
- **Sortiment:** Zusammenhang von Qualitäten, Sortiments- und Preislagen (Beispiel: Kopfhörer bei MediaMarkt von 0,99 bis 99,99 Euro), Sonderthema Preisoptimierung durch frühzeitiges Abschriftenmanagement im Fashion- und Nonfoodbereich
- **Promotions/Aktionen:** Ermittlung des Zusammenhangs von Aktionspreis mit Normalpreis bei der Normalpreissetzung (mit Langfristeffekten?)
- **Kunden:** Berücksichtigung verhaltenswissenschaftlicher Aspekte (subjektives und objektives Preiswissen, soziodemografische und sonstige Verhaltensaspekte der Kunden, Framing-Effekte der Betriebsstätte ...)
- **Produkteigenschaften:** Berücksichtigung mikroökonomischer Wettbewerbsregeln, Produktlebenszyklus (Mindeshaltbarkeit, Saisons), Markdown Pricing
- **Markt- und Wettbewerb:** Berücksichtigung des Wettbewerbs (strategischer Gruppen, Betriebstypen, Preissetzungsregeln für einzelne Händler, Preisfolgemechanismen, Schädigungspotenzial etc.) sowie der lokalen Komponente des Wettbewerbs

4.2   Eine Guideline für Technologieverantwortliche und -käufer

Wenn ein Unternehmen eine beträchtliche Anzahl von Artikeln herstellt, vertreibt oder verkauft, dann sollte eine softwarebasierte Lösung zur Preissetzung in Betracht gezogen werden. Die meisten Anbieter von Preissoftware behaupteten eine Amortisation der Lösung in weniger als zwölf Monaten erreichen zu können, und viele der Kunden bestätigten diese Behauptung sogar. Der erste Schritt bei der Suche nach einer Anwendung zur Preissetzung ist die Auswahl von Anbietern, die in der jeweiligen Branche aktiv sind und den gewünschten Anwendungsfall unterstützen. Die folgenden Kriterien können dabei als Leitfaden zur Erstellung einer Shortlist für die Softwareauswahl helfen:

Zielgruppe der Lösung
Einige der Lösungen werden von den großen Softwareentwicklern, wie SAP oder IBM, angeboten. Diese werden meistens zusammen mit den Kernprodukten,

wie ERP-Systeme, verkauft und sind daher auf diese Szenerien zugeschnitten. Dies betrifft nicht nur die Grundlage der Lösung, sondern auch das Vertriebskonzept. Mit der Lizenzierung von großen ERP-Projekten werden dem Kunden gerne zusätzliche Lizenzen, auch für Preismanagementsoftware, mit großen Abschlägen zur Preisliste angeboten. Diese Abschläge existieren nicht, wenn eine Lösung separat gekauft wird, ohne zusätzliche Lizenzierungen oder Wartungsverträge. Daher kann es schon aus finanzieller Sicht nicht immer vorteilhaft sein, eine solche Standardlösung zu wählen. Dazu kommt noch, dass diese Lösungen meistens auf das jeweilige Ökosystem zugeschnitten sind und eine Integration in ein anderes ERP-System kaum bis nur sehr aufwendig realisierbar ist. Daher ist es wichtig einen passenden „Vendor Fit" zu finden. Arbeitet die Firma schon mit IBM Websphere Commerce, so gilt es die Möglichkeiten von IBM Dynamic Pricing priorisiert zu prüfen. Dies gilt aber nicht immer. So ist SAP Dynamic Pricing von GK eben keine reine SAP-Lösung, sondern vom Partnerunternehmen (hier GK Software) getrennt entwickelt und nur auf einer gemeinsamen Preisliste verkauft, Somit dürfte eine Integration ähnlich aufwendig werden, wie eine beliebige Drittlösung. Gerade die kleineren Anbieter haben die Unabhängigkeit von den großen Anbietern zu ihrem Vorteil genutzt und bieten ein breites Spektrum an Integrationslösungen an. Aber sicher ist auch, dass eine Lösung, die mit dem Fokus auf große Handelskonzerne entwickelt wurde, keine guten Lösungen für einen kleinen oder mittelständischen Handelsbetrieb ist. Andersherum bieten die kleineren Technologiefirmen und Start-ups durchaus Lösungen an, die auch für die ganz Großen der Handelsbranche funktionieren und skaliert werden können.

Art der Lösung

Es gilt zu ermitteln, ob die angedachte Lösung die erforderlichen Prozessschritte überhaupt unterstützt. Dies kann die gesamte Palette vom Preismonitoring (Abschn. 4.1.1) bis zur vollständigen Preisoptimierung aller Abschnitte des Produktlebenszyklus sein. Aber auch die Preisgestaltung für Angebote, Configure Price Quote (CPQ) oder Preisanalytics kann erforderlich sein. Hier gilt es, die Anforderungen zu formulieren und mit dem Angebot der Anbieter zu vergleichen. In einigen Fällen kann es auch notwendig sein mehrere Lösungen parallel zu nutzen (wenn die gewünschte Preismonitoringsoftware z. B. keine eigenen Daten hat, wird eine Lösung für das Preismonitoring zusätzlich gebraucht).

Auslieferungsart

Auch wenn die meisten Lösungen inzwischen als „Software as a Service" (SaaS) und damit als Cloud-basierte Lösung angeboten werden, so gibt es doch noch verschiedene Anbieter von reinen On-Premise-Lösungen. Daneben wären auch hybride Lösungen denkbar, die beispielsweise die Daten nicht zentral in die Cloud auslagern, sondern die Berechnungen in der Datenbank des Kunden durchführen und nur die notwendigen Teile (Dashboard, externe Daten) in der Cloud vorhalten. Solche Lösungen existieren Stand jetzt aber noch nicht.

Preisgestaltung

Die Preisgestaltung kann im Rahmen des Produktlebenszyklus in die Phasen Initial-, Regulär-, Promotion- und Markdownpreisgestaltung unterschieden werden. Dabei gilt:

- **Initialpreise:** Mit dem Abschluss des Produktinnovationsprozesses folgt die Initialpreissetzung, welche versuchen muss ohne historische Daten einen initialen Verkaufspreis zu bestimmen. Meistens wird hier versucht, mit Cluster- bzw. Klassifikationsverfahren Ähnlichkeitsmaße zu bestehenden Produkten zu finden oder eine Einteilung in geeignete Produktklassen zu finden.
- **Reguläre Preise:** Die klassische Preisgestaltung für reguläre Artikel im Sortiment mit dauerhaftem Charakter. Hier gilt es, unabhängig von Werbeaktionen, die Preise optimal zu setzen. Dabei kann noch zwischen dem Kernsortiment und Longtail, also Artikeln, die kaum bis gar nicht die Aufmerksamkeit des Kunden erregen, unterschieden werden.
- **Promotionpreise:** Hier werden die Preise im Rahmen einer Werbeaktion reduziert. Dabei gilt es anzunehmen, dass die Preisveränderung temporär ist und das Produkt vor und nach der Veränderung verkaufbar ist, daher sind die Auswirkungen der Aktion auf die nachfolgenden Verkaufszeiteinheiten zwingend zu berücksichtigen (ansonsten liegt eine Markdown Situation vor). Für Promotionpreise können verschiedene Fakten berücksichtigt werden: minimale Marge, Kreuzpreiseffekte oder Spillovereffekte.
- **Markdownpreise:** für Produkte mit Haltbarkeitsdatum (Lebensmittel) oder die an eine Saison gebunden sind (Fashion) gilt es den Bestand zu einem fixen Datum auf ein Minimum zu reduzieren. Dies bedingt eine enge Verzahnung der Preissetzung mit dem Lagerbestand.

Integration und Datenhandling

Die Integration in bestehende CRM-, ERP- und andere Systeme kann zeitaufwendig und teuer sein. Daher ist es entscheidend zu analysieren auf welche Art die Software sich in die bestehende Systemlandschaft integrieren lässt und ob fertige Konnektoren existieren.

Eine wesentliche Auswirkung bei der Einführung einer Softwarelösung für die Preispolitik besteht darin interne Daten zu finden und einen Prozess zu etablieren, so dass diese Daten kontinuierlich aufbereitet werden – und zwar in der Qualität und Häufigkeit in der die Software diese benötigt. Aus vielen Einführungsprojekten wird klar, dass es gerade bei diesem Punkt zu Verzögerungen bei der Implementierung kommt. Gerade Softwareanbieter, die nicht auf die standardisierten APIs der Shop-, CRM- oder ERP-Systeme setzen, sind von diesem Problem betroffen.

Mehrere Anbieter verfügen über Dienste, Tools und Konnektoren, die sich mit der Datenvorbereitung und -integration befassen. Dies reicht von standardisierter Integration bis zu Middlewarekomponenten zur Datenaufbereitung.

User Interface
Die Preisgestaltung kann sehr komplex sein. So sollte Software mit übersichtlichen Dashboards, die die Leistung in Bezug auf Umsatz-/Margenziele und wichtige Aufgaben oder Probleme anzeigen, die gelöst werden müssen, und die ein einfaches Drilldown ermöglichen, um Preisgestaltungsprobleme schnell zu lösen, denn gerade bei dynamischer Preisgestaltung ist Zeit ein entscheidender Faktor.

- Verfügt die Software über klare visuelle Darstellungen mit unterstützenden Daten, die eine Preisentscheidung zu unterstützen?
- Verwendet die Benutzeroberfläche präskriptive Analysen, die feststellen, warum ein Ereignis eingetreten ist, oder vorschlagen, was Sie dagegen tun sollten?
- Bietet das Produkt Berichte, die Ihnen eine klare Zusammenfassung der Auswirkungen von Preisänderungen auf das Geschäft zusammen mit den Auswirkungen auf die Kunden geben?
- Wird jetzt schon Standardsoftware eingesetzt? Wenn beispielsweise große Teile des Unternehmens an die Oberfläche eine SAP-Systems gewöhnt sind, so würde auch eine SAP-Preislösung einen positiven Fit haben. Wenn nicht, wäre das User Interface wahrscheinlich ein Hindernis für die Adoption der Lösung.

Rollenkonzept
Suchen Sie nach einem ausgereiften rollenbasierten Benachrichtigungs- und Genehmigungssystem, um eine schnelle Lösung von Preisproblemen des Produkts oder von Vertriebsmitarbeitern zu gewährleisten, die eine schnelle Genehmigung einer Preisänderung benötigen.

Machine Learning und Artificial Intelligence
Alle Anbieter in dieser Studie implementieren ML/AI-Fähigkeiten in unterschiedlichem Umfang. Die Käufer werden von diesen Bemühungen durch verbesserte Prognosen und Optimierung durch Ersetzen/Erweitern von Regelmaschinen profitieren. Suchen Sie nach prädiktiven Analysen für bessere Vorhersagen und präskriptiven Einsichten, die datengetriebene Einsichten darüber sind, warum etwas passiert ist oder warum Maßnahmen ergriffen werden sollten. Stellen Sie sicher, dass Sie sich darüber im Klaren sind, wie die Anbieter, die Sie in Betracht ziehen, ML/AI heute und morgen einsetzen und wie Sie davon profitieren könnten.

▶ Wichtig ist auch, dass die verwendeten Modelle der Künstlichen Intelligenz „erklärbar" sind. Größtes Hindernis bei der Einführung von Preisoptimierungssoftware ist der interne Widerstand innerhalb des Unternehmens. So werden sich einige Mitarbeiter bevormundet fühlen und alles daransetzen die neue Software zu hinterfragen oder zu torpedieren. Gerade das Maschinelle Lernen ist dabei als Blackbox nicht förderlich, denn die Ergebnisse werden dem Nutzer meistens ohne weitere Erklärung geliefert. Einige Anbieter, wie brainbi (Abschn. 4.3), haben hier als „Explainable AI" eine Lösung gefunden, die Vertrauen in die Lösung bei allen Beteiligten schafft.

Umfang der Analytics
Wenn der Fokus der Softwarelösung auf der Informationsgewinnung und weniger der automatisierten Preisgestaltung liegen soll, so gilt es, die Kompetenzen des Anbieters dahingehend zu überprüfen. Die großen Softwareanbieter, wie IBM oder SAP, haben sicherlich Kompetenzen, „gutaussehende" Standarddashboards bereitzustellen, wohingegen das Kerngeschäft spezialisierter Anbieter oder aber auch von Beratungsfirmen wie McKinsey mit Periscope das Auffinden, Bereitstellen und Nutzbarmachen solcher Informationen ist. Wichtige Fragen in diesem Zusammenhang sind:

- **Segmentierung:** Wie sehen die Segmentierungsszenarien aus und wie einfach es ist für Kunden, Märkte, Kanäle und Produkte in datengesteuerte Gruppen zu segmentieren, die leicht in Preisszenarien getestet werden können?
- **Simulationen und Was-wäre-wenn-Szenarien:** Wie einfach ist es, Preisszenarien, die Annahmen testen, zu erstellen, zu testen und zu implementieren?
- **Analyse und Meldungen:** Wie einfach ist es, Preisszenarien zu erstellen, zu testen und umzusetzen? Kann das Produkt Ihnen nach Kunde/Segment/

Produkt die Kaufhäufigkeit, Veränderungen im relativen/absoluten Umsatz, gekaufte Produkte, gelieferter Standort, Volumenmix anzeigen? Kann man Benachrichtigungen festlegen, wenn es zur Überschreitung von Grenzwerten kommt?

Wettbewerbsbezogene Daten
Die Verfügbarkeit wettbewerbsfähiger Preisdaten ist je nach Branche sehr unterschiedlich, und die Zuordnung von Konkurrenzprodukten zu Ihrem Produktkatalog kann sehr schwierig sein. Alle Anbieter in dieser Studie können wettbewerbsfähige Preisdaten von Drittanbietern für ihre Preismodelle verwenden, und einige Anbieter haben wettbewerbsfähige Preiserfassungstechnologie (in unterschiedlichen Reifegeraden, aber alle werden umgangssprachlich als „Web-Scraping-Tools" bezeichnet) als Teil ihres Angebots. Wenn Sie eine wettbewerbsfähige Preisgestaltung nutzen müssen, fragen Sie Ihren Anbieter, wie er Ihnen helfen kann, die von Ihnen benötigten Wettbewerbsdaten in der von Ihnen benötigten Häufigkeit zu erwerben und abzugleichen. Fragen Sie ihn bei Bedarf, ob er die Bildanalyse zur Gewinnung von Produktdaten aus Katalogbildern unterstützt.

Lizenzierung/Preisgestaltung
Auch wenn alle Anbieter einen kurzfristigen Return on Investment propagieren, muss hier doch sehr aufgepasst werden. Einige Anbieter arbeiten transparent mit offenen Angeboten direkt auf der Webseite. Andere hingegen haben (Diller 2000, S. 287)die Preisoptimierung sich so zu eigen gemacht, dass auch die Software individuell bepreist wird. Dabei gibt es mehrere Lizenzierungsmodelle:

- Eine fixe Rate pro Jahr oder Monat
- Eine Lizenzgebühr abhängig von der Anzahl der Produkte oder der Sortimentsbreite
- Eine Lizenz abhängig von der Anzahl der Benutzer
- Eine Beteiligung an den gehobenen Mehrwerten (beispielsweise 2% des zusätzlich generierten Rohertrags)

4.3 Übersicht über Lösungen

Im Rahmen der Ausarbeitung dieses Essentials wurden alle beteiligten Unternehmen individuell angeschrieben und es wurde um eine Stellungnahme gebeten. Somit stammen die Informationen zu den meisten Softwareangeboten direkt vom Hersteller selbst und wurden validiert. Falls es keine Rückmeldung gab, wurde anhand von Demosoftware oder durch Kundenbefragungen, die die Software einsetzen, eine Bewertungsgrundlage geschaffen.[1]

Blue Yonder

Blue Yonder wurde von Michael Feindt, einem ehemaligen Physiker am europäischen Kernforschungszentrum CERN und Professor am Karlsruher Institut für Technologie (KIT), gegründet und 2018 von JDA Software übernommen.[2] Mit Blue Yonder im Rücken macht sich JDA Software daran, seine Kernanwendungen für die Lieferkette, die hauptsächlich im Einzelhandel eingesetzt werden, mit der Luminate-Plattform von Blue Yonder zu erweitern. Luminate automatisiert Entscheidungen und Prognosen mit dem Ziel, den Kundengewinn zu verbessern. Microsoft Azure ist ebenfalls ein Cloud-Partner, da die beiden Unternehmen auf der Jagd nach Einzelhandelskonten sind.

Übersicht der von Blue Yonder (ehemals JDA) angebotenen Preisoptimierung im Rahmen der Luminate-Plattform

Kriterium		Bewertung	Kommentar[a]
Zielgruppe			Große Händler, Nutzer der JDA Softwaresuite
Art der Lösung			Preisoptimierung
Auslieferung			Cloud/SaaS
Preisgestaltung			
	Initial	–	Wird nicht explizit angeboten
	Regulär	+	Ist der Kern der angebotenen Lösung
	Promotion	+	Es findet eine Berücksichtigung von Promotion statt
	Markdown	–	Wird nicht explizit angeboten
Integration		(+)	Durch proprietäre Connectoren. Nutzt Verkaufsdaten, Werbeaktionen, Produktinformationen
Datenhandling		(+)	Nutzt Wettbewerbspreise, externe Einflussfaktoren wie Feiertage

---

[1]Es kann zu Abweichungen der Lösungen aufgrund von neueren Versionen kommen.

[2]Siehe   https://www.predictiveanalyticstoday.com/blue-yonder-forward-pricing-provides-retailers-artificial-intelligence-for-price-optimization/.

Kriterium	Bewertung	Kommentar[a]
Rollenkonzept	(+)	Vorhanden
Machine Learning	+	Im Kern steckt Bayessches Netz (Feindt und Kerzel 2015)
Umfang der Analytics	+	Ausreichende Analytics werden geboten, besonders im Zusammenhang mit der Luminate Suite
Wettbewerbsbezogene Daten	(−)	Externe Daten nur teilweise enthalten
Lizenzierung	−	Wird individuell ausgehandelt

[a]Siehe: https://www.silicon.de/41641425/blue-yonder-machine-learning-kommt-auf-microsoft-azure

Brainbi

Brainbi bezeichnet sich selbst als Pionierunternehmen auf dem Gebiet der Künstlichen Intelligenz und Big Data Analytics mit Schwerpunkt auf Preisüberwachung und Wettbewerbsbeobachtung für Einzelhändler. Brainbi[3] ist ein britisch/deutsches Technologie-Start-up, welches seinen Ursprung in der wissenschaftlichen Forschung hat und dies mit Praxiserfahrung und Know-how verknüpft. Die Technologie wurde ausschließlich in Zusammenarbeit mit Experten der Künstlichen Intelligenz und des Maschinellen Lernens entwickelt und das Start-up verfügt über einen Pool von mehr als 20 Experten, die die Optimierung auch auf individueller Ebene unterstützen. Der Fokus liegt dabei auf kleinen und mittelständischen E-Commerce-Unternehmen mit einem starken Fokus auf Preismonitoring und Repricing. Als einziger Softwareanbieter wirbt brainbi mit einem umfassenden Ansatz zur Erklärung der Machine-Learning-Modelle im Rahmen von „Explainable AI".

Die brainbi-Plattform besteht aus mehreren Modulen:

- Preismonitoring und Marktplatzüberwachung (damit externe Daten)
- Repricing/regelbasierte Preissetzung anhand selbstdefinierter Eingaben
- Preisoptimierung für E-Commerce
- Dynamic Pricing
- Preisanalysen (intern und Markt- bzw. Wettbewerbsbezogen)
- Weitere Analytics und Optimierung für E-Commerce: Kunden, Produkt und Sortiment

---

[3]Siehe: https://www.brainbi.dev.

Übersicht über die brainbi-Plattform für Preismonitoring, Repricing und Preisoptimierung mit Fokus auf E-Commerce

Kriterium	Bewertung		Kommentar
Zielgruppe			Kleine, mittelständische und große Händler, Fokus auf E-Commerce
Art der Lösung			Preisoptimierung, Preismonitoring, Repricing und Analytics
Auslieferung			Cloud/SaaS
Preisgestaltung			
	Initial	(+)	Initiale Preissetzung kann aufgrund von Wettbewerbs- oder Marktplatzpreisen erfolgen
	Regulär	+	Ist der Kern der angebotenen Lösung
	Promotion	(+)	Wird durch das Modul Repricing und Preisoptimierung abgedeckt
	Markdown	(−)	Wird nicht explizit angeboten
Integration		+	Nutzt Standardschnittstellen der gängigsten E-Commerce-Anwendungen, manueller Import möglich
Datenhandling		+	Nutzt verstärkt Wettbewerbspreise und Kundeninteraktionen im E-Commerce
Rollenkonzept		(+)	Vorhanden
Machine Learning		+	Setzt unterschiedliche Algorithmen des Maschinellen Lernens ein (neuronale Netze, Clustering, Prädiktion, Optimierung)
Umfang der Analytics		(+)	Fokussiert auf E-Commerce
Wettbewerbsbezogene Daten		+	Werden direkt als Bestandteil der Lösung angeboten
Lizenzierung		+	Erfolgt transparent nach Größe des Sortiments und des zu beobachtenden Wettbewerber

[a]Siehe: https://www.brainbi.dev/de/repricing/
[b]Siehe: https://www.brainbi.dev/de/preisoptimierung/

Competera

Die Competera[4] ist ein Start-up mit Sitz in den USA. Das Kernprodukt ist eine Cloud-basierte Preisgestaltungssoftware, die sich für Einzelhändler aus unterschiedlichen Branchen eignet. Durch die Nutzung der Mischung aus Algorithmen des Maschinellen Lernens, Mathematik und Geschäftsregeln hilft die Plattform Einzelhändlern, zu jedem Zeitpunkt Preis- und Werbentscheidungen zu treffen. Die Competera Pricing Plattform besteht aus drei Modulen:

* Nachfragebasierte Preisgestaltung
* Regelbasierte Preisgestaltung
* Promo-Optimierung

Übersicht über die Competra Plattform

Kriterium		Bewertung	Kommentar
Zielgruppe			Große Händler, E-Commerce
Art der Lösung			Preisoptimierung und Preismonitoring
Auslieferung			Cloud/SaaS
Preisgestaltung			
	Initial	(−)	Wird nicht explizit angeboten.
	Regulär	+	Ist der Kern der angebotenen Lösung
	Promotion	?	Es ist unklar, ob Promotions berücksichtigt werden
	Markdown	+	Ist der Kern der angebotenen Lösung
Integration		(+)	Durch proprietäre Connectoren. Nutzt Verkaufsdaten, Werbeaktionen, Produktinformationen
Datenhandling		(+)	Wettbewerbspreise, externe Informationen wie Feiertage oder Wetterdaten
Rollenkonzept		(+)	Vorhanden
Machine Learning		(+)	Nach eigener Aussage „built on heavy math and machine learning algorithms"
Umfang der Analytics		(+)	Fokussiert auf E-Commerce

---

[4]Siehe https://competera.net/pricing-software.

Kriterium	Bewertung	Kommentar
Wettbewerbs-bezogene Daten	(−)	Kann als Zusatz lizenziert werden
Lizenzierung	-	Wird individuell verhandelt, einzelne Module werden jeweils separat lizenziert

Minderest

Minderest[5], ein spanisches Start-up, betreibt eine Plattform, die klassisches Preismonitoring als Fokus bietet. Das Start-up wurde 2012 im Anschluss an ein privates Projekt ins Leben gerufen, an dem die Gründungspartner des Unternehmens, Antonio Tomás und Juan Sánchez, Technischer Direktor, mitgearbeitet hatten. Neben dem Preismonitoring bietet die Plattform auch:

- Preisanalysen
- Repricing
- Dynamic Pricing

Es wird explizit keine Preisoptimierung angeboten.

Übersicht über das Preisanalytics- und Repricingprodukt von Minderest

Kriterium		Bewertung	Kommentar
Zielgruppe			Große Händler, E-Commerce
Art der Lösung			Preismonitoring, -analytics und Repricing
Auslieferung			Cloud/SaaS
Preisgestaltung			
	Initial	(−)	Wird nicht explizit angeboten
	Regulär	+	Ist der Kern der angebotenen Lösung
	Promotion	(−)	Wird nicht explizit angeboten
	Markdown	(−)	Wird nicht explizit angeboten
Integration		(+)	Durch proprietäre Connectoren. Nutzt Verkaufsdaten, Werbeaktionen, Produktinformationen

---

[5]Siehe https://www.minderest.com/saas-pricing-tool-ecommerce.

Kriterium	Bewertung	Kommentar
Datenhandling	(+)	Fokus auf Wettbewerbspreise und Lagerbestände
Rollenkonzept	(+)	Vorhanden
Machine Learning	(+)	Wird nach eigener Aussage im Modul Repricing angewendet
Umfang der Analytics	(+)	Fokussiert auf E-Commerce
Wettbewerbsbezogene Daten	+	Teil der Plattform
Lizenzierung	−	Wird individuell verhandelt, einzelne Module werden jeweils separat lizenziert

Netrivals

Netrivals, ein Start-up aus Barcelona, bietet nach eigenem Bekunden eine „Price Intelligence- und Marktanalyselösung für E-Commerce-Unternehmen und Marken" an. Der Fokus der seit 2015 existierenden Plattform liegt dabei auf Analysen und nicht der Preisoptimierung – welche gar nicht angeboten wird.

Übersicht der Netrivals-Plattform für Preisanalysen

Kriterium		Bewertung	Kommentar
Zielgruppe			Große Händler, E-Commerce
Art der Lösung			Preismonitoring, Analytics und Repricing
Auslieferung			Cloud/SaaS
Preisgestaltung			
	Initial	(−)	Wird nicht explizit angeboten
	Regulär	+	Ist der Kern der angebotenen Lösung
	Promotion	(−)	Wird nicht explizit angeboten
	Markdown	(−)	Wird nicht explizit angeboten
Integration		(+)	Durch proprietäre Connectoren; umfasst gängige Onlineshops
Datenhandling		(+)	Fokus auf Wettbewerbspreise
Rollenkonzept		(+)	Vorhanden
Machine Learning		(−)	Wird nach eigener Aussage zur Datenerhebung verwendet

Kriterium	Bewertung	Kommentar
Umfang der Analytics	(+)	Fokussiert auf E-Commerce
Wettbewerbs- bezogene Daten	+	Teil der Plattform
Lizenzierung	–	Wird individuell verhandelt, einzelne Module werden jeweils separat lizenziert

Oracle Retail Pricing Suite

Oracle Retail ist eine Produktsuite, die von der Nachfrageerzeugung bis zum Point of Sales alle Tätigkeiten in verschiedenen Softwareservices für den Einzelhandel anbietet. Dies umfasst ein zentrales ERP-System, POS-Systeme und zusätzliche Cloud-Angebote. Als wichtiger Bestandteil dieser Suite bietet die „Oracle Retail Pricing"-Anwendung die Möglichkeit, Preisänderungen, Freigaben und Werbeaktionen zu definieren, zu pflegen und zu überprüfen sowie die Preisereignisse auszuführen, indem genehmigte Preisereignisse zur Ausführung an nachgelagerte Verkaufssysteme weitergegeben werden. Diese Lösung ersetzt die bestehende Lösung „Oracle Retail Price Management".

Übersicht der Oracle Retail Pricing Suite als On-Premise-Anwendung

Kriterium		Bewertung	Kommentar
Zielgruppe			Große Händler, Nutzer der Oracle-Lösungen
Art der Lösung			Preismonitoring, -analytics und Repricing
Auslieferung			On Premise[a]
Preisgestaltung			
	Initial	+	Ist der Kern der angebotenen Lösung
	Regulär	+	Ist der Kern der angebotenen Lösung
	Promotion	+	Ist der Kern der angebotenen Lösung
	Markdown	+	Ist der Kern der angebotenen Lösung
Integration		(+)	Durch proprietäre Lösung[b], Fokus auf Integration mit Oracle ERP
Datenhandling		(+)	Fokus auf interne Daten aus dem Oracle-Umfeld
Rollenkonzept		(+)	Vorhanden

Kriterium	Bewertung	Kommentar
Machine Learning	?	Die genutzten Algorithmen sind unbekannt
Umfang der Analytics	(−)	Fokussiert auf Nutzer aus dem ERP-Umfeld
Wettbewerbs-bezogene Daten	−	Nicht enthalten
Lizenzierung	−	Wird individuell verhandelt, einzelne Module werden jeweils separat lizenziert

[a]Siehe: https://docs.huihoo.com/oracle/retail/13.x/price-management/pdf/130/rpm-130-ig.pdf
[b]Siehe: https://docs.oracle.com/cd/F18606_01/docs/rpcs-160030-og.pdf

Periscope by McKinsey

Die Plattform „Periscope By McKinsey" kombiniert die Methoden und Ideen der Beratungsfirma mit präskriptiven Analysen und Cloud-basierten Tools, um eine Reihe von Marketing- und Vertriebslösungen, die die kommerzielle Transformation von Unternehmen beschleunigen und unterstützen, anzubieten. Das Lösungsportfolio umfasst dabei Insight-, Marketing-, Kundenerfahrungs-, Kategorie-, Preisgestaltungs-, Leistungs- und Vertriebslösungen.

Übersicht über Periscope By McKinsey

Kriterium		Bewertung	Kommentar
Zielgruppe			Große Händler, Kunden der Unternehmensberatung
Art der Lösung			Analytics, Preisoptimierung
Auslieferung			Cloud/SaaS
Preisgestaltung			
	Initial	+	Ist der Kern der angebotenen Lösung
	Regulär	+	Ist der Kern der angebotenen Lösung
	Promotion	+	Ist der Kern der angebotenen Lösung
	Markdown	+	Ist der Kern der angebotenen Lösung
Integration		(+)	Werden im Rahmen eines Projektes erstellt
Datenhandling		(+)	Werden im Rahmen eines Projektes erhoben
Rollenkonzept		(+)	Vorhanden
Machine Learning		?	Die genutzten Algorithmen sind unbekannt

Kriterium	Bewertung	Kommentar
Umfang der Analytics	+	Umfangreich mit dem Wissen der Unternehmens- und Strategieberatung
Wettbewerbsbezogene Daten	–	Nicht enthalten
Lizenzierung	–	Wird individuell verhandelt, einzelne Module werden jeweils separat lizenziert

Price f(x)

Die 2011 in Deutschland gegründete Pricefx AG ist ein SaaS-Anbieter einer Plattform für Preismanagement. Dabei bietet die Firma Unterstützung für den gesamten Preismanagementkreislauf (Preisstrategie, -controlling, -setzung und -realisierung), fokussiert sich aber auf Configure Price Quote (CPQ), also die Preisoptimierung im Rahmen des Angebotsverfahrens.

Übersicht der Price f(x) Plattform

Kriterium		Bewertung	Kommentar
Zielgruppe			Fokus auf Industrie und weniger Handel
Art der Lösung			Preisoptimierung und CPQ
Auslieferung			Cloud/SaaS
Preisgestaltung			
	Initial	+	Fokus der Lösung liegt auf einer angebotsbezogenen Preisoptimierung
	Regulär	+	Beinhaltet
	Promotion	+	Beinhaltet
	Markdown	(−)	–
Integration		(+)	Durch proprietäre Connectoren
Datenhandling		(+)	Über proprietäre Datenintegration – individuell angepasst
Rollenkonzept		+	Vorhanden
Machine Learning		(+)	Enthält eine Vielzahl von ML-Modellen, einschließlich Clustering, Regressionsanalyse und benutzerdefinierten Modellen
Umfang der Analytics		+	Umfangreich

Kriterium	Bewertung	Kommentar
Wettbewerbs-bezogene Daten	−	Nicht enthalten
Lizenzierung	−	Wird individuell verhandelt, einzelne Module werden jeweils separat lizenziert

Revionics

Revionics ist ein US-amerikanisches Softwareunternehmen, das seine Angebote nach eigenem Bekunden darauf ausgelegt hat, den gesamten Lebenszyklus für Einzelhändler abzubilden. Die Software wird als Software-as-a-Service-Modell (SaaS) vermarktet und soll Einzelhändler in die Lage versetzen, begründete Entscheidungen in Bezug auf Preisgestaltung, Promotion, Abschriften, Sortiment und Flächenzuteilung zu treffen.

Übersicht der Revionics-Plattform

Kriterium		Bewertung	Kommentar
Zielgruppe			Fokus auf Industrie und weniger Handel
Art der Lösung			Preisoptimierung
Auslieferung			Cloud/SaaS
Preisgestaltung			
	Initial	+	Fokus der Lösung liegt auf einer angebots-bezogener Preisoptimierung
	Regulär	+	Beinhaltet
	Promotion	+	Beinhaltet
	Markdown	+	Beinhaltet
Integration		(+)	Durch proprietäre Connectoren
Datenhandling		(+)	Über proprietäre Datenintegration – individuell angepasst
Rollenkonzept		+	Vorhanden
Machine Learning		(−)	Art der Modelle werden nicht weiter aus-geführt
Umfang der Analytics		+	Umfangreich
Wettbewerbs-bezogene Daten		−	Nicht enthalten

Kriterium	Bewertung	Kommentar
Lizenzierung	–	Wird individuell verhandelt, einzelne Module werden jeweils separat lizenziert

SAP – Dynamic Pricing by GK – Prudsys

Dynamic Pricing by GK ist eine Lösung, die durch die Firma GK Software im Rahmen der Übernahme von Prudsys auf die Produktliste der SAP aufgenommen wurde (SAP stellt hier nur den Vertrieb).

Überblick SAP Dynamic Pricing

Kriterium		Bewertung	Kommentar
Zielgruppe			Große Händler und Nutzer von SAP ERP oder SAP Retail
Art der Lösung			Preisoptimierung
Auslieferung			Cloud/SaaS
Preisgestaltung			
	Initial	(–)	Wird nicht explizit erwähnt
	Regulär	+	Beinhaltet
	Promotion	+	Beinhaltet
	Markdown	+	Beinhaltet
Integration		(+)	Durch proprietäre Connectoren, Fokus auf SAP
Datenhandling		(+)	Über proprietäre Datenintegration – individuell angepasst
Rollenkonzept		+	Vorhanden
Machine Learning		(–)	Art der Modelle werden nicht weiter ausgeführt
Umfang der Analytics		+	Umfangreich
Wettbewerbsbezogene Daten		–	Nicht enthalten
Lizenzierung		–	Wird individuell verhandelt, einzelne Module werden jeweils separat lizenziert

Was Sie aus diesem *essential* mitnehmen können

- Die Preispolitik kann in einen geordneten Prozess mit den Phasen Strategiebildung, Analyse, Preisbildung und Durchsetzung strukturiert werden.
- Die fortschreitende Digitalisierung und vor allem die Möglichkeiten durch Methoden der Künstlichen Intelligenz führen zu einer Veränderung der Rahmenbedingungen der Preisbildung.
- Neben dynamischer Preissetzung ist mit fortschrittlicher Technologie auch eine individuelle Preissetzung zeit- und situationsabhängig pro Individuum möglich.
- Die Nutzung des vollen Potenzials der Preispolitik ist nur mit geeigneter Software möglich. Hier unterscheidet man zwischen Software für Preismonitoring und -analysen, automatischer Preissetzung und Repricing und der Preisoptimierung mit fortgeschrittenen Algorithmen.
- Die Auswahl der richtigen Softwarelösung hängt von vielen Faktoren ab und es muss eine detaillierte Bewertung stattfinden.

© Springer Fachmedien Wiesbaden GmbH, ein Teil von Springer Nature 2020   63
F. Weber, *Preispolitik im digitalen Zeitalter*, essentials,
https://doi.org/10.1007/978-3-658-30646-5

Literatur

Balderjahn, I. (2003). Erfassung der Preisbereitschaft. In H. Diller & A. Herrmann (Hrsg.), *Handbuch Preispolitik: Strategien – Planung – Organisation – Umsetzung* (S. 387–404). Wiesbaden: Gabler.

Bell, D. R., & Lattin, J. M. (2000). Looking for loss aversion in scanner panel data: The confounding effect of price response heterogeneity. *Marketing Science, 19*(2), 185–200.

Bösener, K. (2015). *Kundenzufriedenheit, Kundenbegeisterung und Kundenpreisverhalten: Empirische Studien zur Untersuchung der Wirkungszusammenhänge.* Wiesbaden: Springer Fachmedien.

Diller, H. (2000). *Preispolitik* (3. Aufl.). Stuttgart: Kohlhammer.

Eberhardt, T., Ziegfeld, C., & Linzmajer, M. (2013). Behavioral Pricing und Preiswissen: eine neue Perspektive für das Preismanagement?! *Marke, 41*(4), 32–40.

Feindt, M., & Kerzel, U. (2015). *Prognosen bewerten Statistische Grundlagen und praktische Tipps.* Heidelberg: Springer Gabler.

Fenn, J. (1995). The Microsoft system software hype cycle strikes again. *Gartner Group. July.*

Fisher, T. C. G., & Konieczny, J. D. (2000). Synchronization of price changes by multi-product firms: Evidence from Canadian newspaper prices. *Economics Letters, 68*(3), 271–277.

Freiling, J., & Wölting, H. (2003). Organisation des Preismanagements. In H. Diller & A. Herrmann (Hrsg.), *Handbuch Preispolitik: Strategien – Planung – Organisation – Umsetzung* (S. 419–436). Wiesbaden: Gabler.

Gaubinger, K., Werani, T., & Rabl, M. (2010). *Praxisorientiertes Innovations- und Produktmanagement: Grundlagen und Fallstudien aus B-to-B-Märkten.* Berlin: Gabler.

Haller, S. (2008). Handelsmarketing. In H.-C. Weis (Hrsg.), *Modernes Marketing für Studium und Prxis* (3. Aufl.). Ludwigshafen (Rhein): Fridrich Kiehl Verlag.

Hartmann, M. (2006). *Preismanagement im Einzelhande. 1. Aufl. Gabler Edition Wissenschaft.* Wiesbaden: Dt. Univ.-Verl.

Herzog, J. (2015). *Dynamisches Pricing: Ertragswirkungen einer proaktiven Preispolitik.* Hamburg: Igel Verlag.

Hoffmann, A. (2012). *Preiswettbewerb im deutschen Lebensmitteleinzelhandel.* Christian-Albrechts-Universität zu Kiel.

© Springer Fachmedien Wiesbaden GmbH, ein Teil von Springer Nature 2020   65
F. Weber, *Preispolitik im digitalen Zeitalter,* essentials,
https://doi.org/10.1007/978-3-658-30646-5

Hoffmann, A., & Loy, J.-P. (2010). Sonderangebote und Preissynchronisation im deutschen Lebensmitteleinzelhandel. *German Journal of Agricultural Economics, 59*(4), 225–245.

Homburg, C., & Koschate, N. (2005). Behavioral Pricing-Forschung im Überblick. Teil 1: Grundlagen, Preisinformationsaufnahme und Preisinformationsbeurteilung. *Zeitschrift für Betriebswirtschaft, 75*(4), 383–423.

Jacoby, J., & Olson, J. C. (1977). Consumer response to price: An attitudinal, information processing perspective. *Moving ahead with attitude research, 39*(1), 73–97.

Kaas, K. P. (1977). *Empirische Preisabsatzfunktionen bei Konsumgütern.* Berlin: Springer Gabler.

Krubasik, E. G. (1982). Technologie: Strategische Waffe. *Wirtschaftswoche, 25*(36), 28.

McCarthy, J. (1998). *What is artificial intelligence?* Stanford: Computer Science Department, Stanford University.

Meffert, H., Burmann, C., & Kirchgeorg, M. (2015). *Marketing: Grundlagen marktorientierter Unternehmensführung Konzepte – Instrumente – Praxisbeispiele* (12. Aufl.). Wiesbaden: Springer Fachmedien.

Monroe, K. B. (1973). Buyers' subjective perceptions of price. *Journal of marketing research, 10,* 70–80.

Müller-Hagedorn, L., & Wierich, R. (2005). Zur Wahrnehmung und Verarbeitung von Preisen durch Konsumenten.

Nielsen-LP-Service. (1992). Analysen auf Basis von Scanning-Daten/Preisschwellen bei Marken-Artikeln? *Lebensmittel-Praxis, 08,* 22.

Porter, M. (1980). *Competitive Strategy: Techniques for analyzing industries and competitors: With a new introduction.* New York: The Free Press.

Rajendran, K. N., & Tellis, G. J. (1994). Contextual and temporal components of reference price. *Journal of Marketing, 58,* 22–34.

Schröder, H. (2002). *Handelsmarketing Methoden und Instrumente im Einzelhandel* (1. Aufl.). München: Redline Wirtschaft.

Sheshinski, E., & Weiss, Y. (1992). Staggered and synchronized price policies under inflation: The multiproduct monopoly case. *The review of economic studies, 59*(2), 331–359.

Siems, F. (2009). *Preismanagement Konzepte, Strategien, Instrumente, Vahlens Handbücher der Wirtschafts- und Sozialwissenschaften.* München: Vahlen.

Simon, H., & Faßnacht, M. (2009). *Preismanagement Strategie, Analyse, Entscheidung, Umsetzung 3. Aufl. Lehrbuch.* Wiesbaden: Gabler.

Sinha, A., & Sahgal, A. (2012). Retail revenue optimization: The past, the present and the future. *Journal of Revenue & Pricing Management, 11*(3), 319–321.

Uhl, J. N., & Brown, H. L. (1971). Consumer perception of experimental retail food price changes. *Journal of Consumer Affairs, 5*(2), 174–185.

v. Stackeiberg, H. (1948). *Grundlagen der theoretischen Volkswirtschaftslehre.* Bern: Valentin F. Wagner.

Wied-Nebbeling, S. (1997). *Markt- und Preistheorie* (3. Aufl.). Wiesbaden: Springer.

Wied-Nebbeling, S. (2004). *Markt- und Preistheorie* (4. Aufl.). Wiesbaden: Springer.

Printed in the United States
By Bookmasters